KATARZYNA NOSOWSKA

A JA ŻEM JEJ POWIEDZIAŁA...

WIELKA LITERA

Przez ostatnie cztery lata kłopoty dotykały mnie seriami. Epizody względnego spokoju były tak krótkie, że nie warto o nich wspominać. Los wspinał się na wyżyny kreatywności, by umożliwić mi testowanie wytrzymałości w praktyce. Wiedziałam, że żaden stan nie może trwać wiecznie, ale cztery lata oczekiwania na odmianę bardzo mnie umęczyły. Dziś, kiedy kurz opadł, jestem silniejsza niż kiedykolwiek, a życie smakuje jak nigdy.

Filmikami z serii *A ja żem jej powiedziała*... zaczęłam się dzielić, kiedy krajobraz był jeszcze zacieniony, w lipcu 2017 roku. Stały się znakomitą odskocznią od codziennych zmagań, a żywe zainteresowanie ludzi, którym dostarczały rozrywki, przynosiło dodatkową porcję radości. W październiku los dał mi jeszcze jednego, wyjątkowo bolesnego kuksańca. Wylizałam się bardzo szybko, a abstrakcyjne postrzeganie rzeczywistości – przydatne w instagramowych działaniach – niezwykle mi w tym pomogło.

Propozycję Wielkiej Litery, by szerokoustej babie z Instagrama pozwolić na drukowaną wypowiedź, przyjęłam z „pewną taką nieśmiałością", ale i entuzjazmem.

Oddaję Wam książkę, która – mam nadzieję – zasłuży na miano świetnej towarzyszki podróży, pocieszycielki, przeganiaczki nudy, a może nawet stanie się wsparciem w czasie oczekiwania na odmianę losu dla tych, którzy chwilowo nie są jego pupilami.

Jeśli jest Wam czasem ciężko, zaufajcie mi, zaufajcie Kaśce! Sens zdarzeń objawia się z opóźnieniem. Trzeba tylko przeczekać. To co dziś jest czystym cierpieniem, po czasie okazuje się przedsionkiem szczęścia i mądrości. Bądźcie dzielni i miejcie się świetnie!

A JA ŻEM JEJ POWIEDZIAŁA, KAŚKA...

W twoim wieku nie można wszystkiego zwalać na dzieciństwo.

Od urodzenia miałam problem. Ponoć przez pierwsze trzy miesiące darłam się wniebogłosy. Darłam się tak głośno i przejmująco, że w matczynej mleczarni ustała produkcja. Pierwsze zdanie, jakie wypowiedziałam, mając półtora roku, brzmiało: „Kurwa mać, znowu w tym piecu zgasło".

Jako dwuipółlatka dorwałam się do apteczki i rozdzieliłam między siebie i kuzyna tabletki sprawiedliwie, w systemie „jedna dla mnie, jedna dla ciebie". Dla mnie duża tabletka wapna, bo byłam duża, dla niego małe relanium, bo był mały. Odratowano.

Jako trzylatka w przedszkolu napadłam uzbrojona w zęby i pazury koleżankę, która jako pierwsza chwyciła w ramiona lalę typu bobas. Dostałam lanie pasem. Bolało.

Mając lat pięć, kochałam się w blondynku, ale laurkę z okazji Dnia Kobiet otrzymałam od grubaska, który tydzień wcześniej na rytmice zrobił kupę w majty, i który kochał się we mnie. Płakałam.

W wieku siedmiu lat usłyszałam od taty, że wybrał mamę spośród miliona, a ja jestem tylko dodatkiem. Zapamiętałam.

Mama mówiła, że facetom nie wolno ufać, że kobiety są wredne. Mówiła: „Co ludzie powiedzą?", „Bogaty? Pewnie nakradł", „Jak taka będziesz, nikt cię nie zechce", „Nikomu nie ufaj", „Nie jedz tyle, bo będziesz gruba", „Nie skub tego, bo dostaniesz raka".

Mając dwadzieścia jeden lat, wyjechałam do Warszawy. Z walizką, pikowaną kołdrą po babci i samooceną niższą niż Tom Cruise. Ze Szczecinem łączy mnie pięćset pięćdziesiąt kilometrów metaforycznej, napiętej jak postronek pępowiny, na której końcu tętni wspomnienie dzieciństwa.

Trzydzieści dziewięć lat szłam w stronę katafalku, korzystając z map rozrysowanych przez rodziców, rodzinę, nauczycieli. Czułam swąd, ale mapa mówiła: „Prosto", więc brnęłam boso w żar. Do czterdziestki, podług wskazówek, nie zaufałam nikomu, a że niska samoocena chętnie się brata z chorobliwą ambicją – nie ufałam również sobie. Obejmowana – wierzgałam. Węszyłam w poszukiwaniu zdrady. Względnie spokojna czułam się tylko, mając w polu widzenia neon z napisem „Exit".

W czterdzieste urodziny pomyślałam: „Basta!". Postanowiłam spalić mapy, odkurzyć trzecie oko i ruszyć w stronę wieczności godna własnych zmarszczek!

A JA ŻEM JEJ POWIEDZIAŁA, KAŚKA...

Uśmiechnij się czasami,

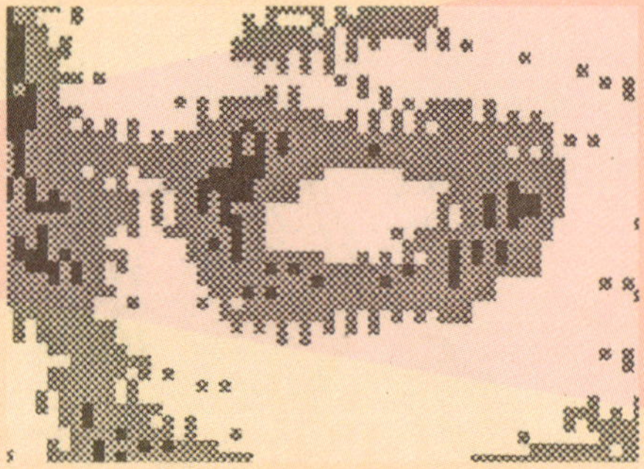

bo nikt cię do reklamy nie weźmie.

Na początku lat dziewięćdziesiątych otrzymałam pierwszą i ostatnią propozycję wzięcia udziału w reklamie. Miałam reklamować orzeszki. Przez chwilę to rozważałam. Do momentu otrzymania scenariusza... Byłam pewna, że pięknie umalowana, znakomicie wystylizowana, wyjmę seksownym gestem orzeszek z puszki i używając trzech palców – kciuka, wskazującego i środkowego – wsunę go delikatnie przez bramę połyskujących warg do różowej i rozkosznie miękkiej jamy ustnej, a potem, patrząc w oko kamery, powiem: „Mniam, mniam...". Niestety. Ci podli ludzie chcieli wcisnąć mnie w wielki piankowy strój orzeszka, zostawiając na zewnątrz tylko charakterystyczny Nosowski łeb. W tej odsłonie miałam dodatkowo radośnie podskakiwać... Mimo popularności byliśmy wtedy, delikatnie mówiąc, mało zamożni. Można by pomyśleć: chwila wstydu dla podreperowania budżetu. Ale nie byłam w stanie.

Od lat funkcjonuję na marginesie, z którego do reklam nie biorą. Ponoć otacza mnie sina piana depresji, a depresja nie sprzedaje produktu. Sama jestem sobie winna. W paru wywiadach wspomniałam, że lubię przy kawce podumać o śmierci, że przepadam za jesienią, no i noszę się na czarno. Rzadko bywam na salonach, a jeśli już, to rzęsami zamiatam parkiety, nie żartuję, nie kokietuję potencjalnych reklamodawców, nie konkuruję z muzyką, wyśpiewując śmiechem gamy. W opinii wielu jestem zatem Jekyllem doła, podczas gdy prywatnie znają mnie jako Hyde'a dowcipu, igraszki i swawoli.

Reklama to pieniądze. Nagły i obfity ich zastrzyk. Jakże trzeba być silnym, by udźwignąć ciężar zawiści tych, którzy nie dostępują zaszczytu zastrzyku. „Sprzedał się!" – wykrzykiwanego ze wszystkich stron. Jakże jednak trzeba być silnym, by odmówić iniekcji złotych. Odmawiają ci, którzy mają, albo ci, którym proponują reklamę maści na hemoroidy. Nie wierzę, że istnieje posiadacz kredytu mieszkaniowego, który nie marzy w skrytości swego znerwicowanego serduszka o tym, by teraz, zaraz pójść do banku i rzucić na ladę neseser wypełniony trzydziestoletnimi ratami... Ja marzę.

Czy wystąpiłabym w reklamie? Oczywiście. Najchętniej reklamowałabym chleb, bo chleb naprawdę lubię. Na chlebie się znam. Chleba używam na co dzień. Mam make-up w stylu no make-up, wyszczotkowane, błyszczące włosy, białą męską koszulę, nagie, opalone, wydepilowane i szczupłe nogi. Podchodzę do chlebaka, poranne słońce igra na moich policzkach, zadbaną dłonią wyjmuję pachnący, jeszcze ciepły, a przede wszystkim chrupiący bochen. Z gracją odkrawam piętkę i wszystkimi pięcioma palcami wsuwam ją przez bramę połyskujących warg do różowej i głodnej jamy ustnej. Mniam, mniam...

Terapia? Jak najbardziej. Tylko czy nie szkoda tego terapeuty, bo potem on musiałby pójść do terapeuty, potem tamten terapeuta do terapeuty…

Wbrew pozorom żadna terapeutyczna kozetka nie może poszczycić się tym, że ma w kolekcji wyraźny odcisk mojego zadka. W siódmym miesiącu ciąży, jako potencjalna matka prymuska, postanowiłam przygotować się na przyjście dziecka naprawdę solidnie. Znalazłam bardzo przyjemną panią, którą mianowałam, jeszcze przed spotkaniem, towarzyszką niebezpiecznej wyprawy w przeszłość w celu opatrzenia wiecznie sączących krew i limfę ran. Terapeutka przywitała mnie w swoim mieszkaniu z ekscytacją charakterystyczną dla wielbicieli *Teksańskiego*. Zresztą chwilę

NATYCH-
MIAST GO
RZUCIĆ!

później ze wzruszeniem zaprezentowała, wyjętą z aktualnie czytanej książki, naszą wspólną fotografię, której używała jako zakładki. Pomyślałam, że to miłe.

Bez zbędnych ceregieli zaczęłam snuć obfitującą w najdrobniejsze szczegóły historię mojego popapranego życia. Pani kiwała głową, otwierała szeroko oczy, które w pewnym momencie zaszkliły się wyraźnie, by w końcu wydelegować dwie pierwsze najodważniejsze łzy, a za nimi w ślad poszły parami kolejne i kolejne. „Rozumiem, też tak miałam" – wyszlochała i... rozdział po rozdziale opowiedziała mi swoje dzieciństwo i młodość. Objęłyśmy się mocno na pożegnanie. Wracałam do domu, głaszcząc przepraszająco ukrytego pod powłoką brzucha syna, który (miałam pewność) będzie witany na świecie przez pokancerowaną matkę.

Drugie podejście zrobiłam parę lat później, rozczarowana nieporozumieniami w związku partnerskim. Tym razem wybrałam dojrzałą terapeutkę w okularach, z prawdziwym gabinetem. Jej ostatnim odkryciem muzycznym była – na oko – Dalida. Sprawy potoczyły się nader szybko. Zdołałam wypowiedzieć ledwie kilka wprowadzających zdań, gdy usłyszałam stanowcze: „Rzucić! Natychmiast go rzucić! Tu nie ma nad czym pracować”. Wyszłam, nie wykorzystując gwarantowanej godziny, bo zakładałam, że da się ratować, ratować ten związek.

Była jeszcze terapeutka, z którą umówiłam się telefonicznie, lecz do spotkania nigdy nie doszło – nie potrafiłam znaleźć bloku ze wskazanym numerem, choć w rzeczywistości stał tam jak byk.

Mam koleżankę, która poleca terapię, bo po dwunastu latach kozetkowania czuje się znacznie lepiej. Dwanaście lat temu byłoby mi szkoda dwunastu lat. A teraz to już w ogóle.

Poczekaj, aż koty z kurzu
będą naprawdę duże,
uformuj z nich kulę,
spryskaj lakierem
do włosów
i powieś
pod sufitem.

Zauważyłam, że wielkim szacunkiem cieszą się ludzie, którzy potrafią zrobić coś z niczego. Z samotnej skarpetki, której siostrę bliźniaczkę pożarła pralka, można – doszywając dwa znalezione pod fotelem guziki – zrobić pacynkę dla dzieciaka. Z dwustu kolorowych słomek do drinków – które w chwili zakupowego amoku nabyliśmy, choć nie lubimy podejmować gości i, zasadniczo, brzydzimy się alkoholem – można zrobić tęczowego kulo-jeża w ramach prezentu pod choinkę, dla choinki. Zdecydowanie za gęstą pomidorową można rozcieńczać wodą coraz bardziej i bardziej, by, bazując na pamięci wody, uzyskać całkowicie przezroczystą, homeopatyczną pomidorową do leczenia dzieci cierpiących na tomatofobię. Pakuły wyeksploatowanych doczepów, kamuflujących niedostatek owłosienia na głowach gwiazd, można stosować jako wypełnienia miśków licytowanych podczas akcji „Podaruj Misia" – znacznie windując zysk z licytacji. Dla niektórych książki są „niczym". Można, mimo poczucia zmarnowanych pieniędzy, zakupić kilkadziesiąt i uczynić z ich obecności na regale, niepodlegający dyskusji wśród gości, dowód oczytania, bo ono, jak wiemy, znamionuje inteligencję.

Istnieją trzy rodzaje materializmu.

Materializm japoński – posiadam dokładnie to, co niezbędne, i ani sztuki ponad to. A jeśli już mi się zdarzy, w chwili zaćmienia umysłu wprowadzić do życia coś niepotrzebnego – kłaniam się temu nisko i deportuję poza orbitę swego uporządkowanego życia.

Materializm polski – posiadam zdecydowanie więcej, niż potrzebuję. Mam w związku z tym poczucie winy, ale przecież coś mi się od życia należy; stać mnie w końcu, a nawet jeśli nie, to wezmę pożyczkę; może wygram w lotto; jestem tym, co posiadam; jak mi się znudzi, oddam komuś albo przerobię.

Materializm amerykański – nie mogę bez tego żyć. Sto par moich butów przygarnie następnych sto par; mój telewizor nie może nie być jeszcze większy; Black Friday, potem nudna niedziela i w końcu fantastyczny Cyber Monday; nie mam nic do oddania, wszystko jest mi potrzebne; gdy dzwoni domofon, potrzebuję czasu, by przedrzeć się do drzwi.

Jestem przedstawicielką wszystkich trzech rodzajów materializmu. Mam dwieście słomek do drinków, a one chcą przygarnąć następnych dwieście; mam poczucie winy, że je kupiłam, ale przecież coś mi się od życia należy; potrzebuję czasu, by dotrzeć do drzwi, za nimi czeka kurier z książką Marie Kondo, która nauczy mnie, jak deportować – ukłoniwszy się uprzednio – wszystko, co zbędne.

Jeżeli ojciec u ciebie w domu mówi: „Oddaj Agnieszce misia, bo ona jest tu gościem", a u niej w domu mówi: „Oddaj Agnieszce misia, bo ona jest tu gospodynią" – to potem masz kłopoty...

Byłam kiedyś dzieckiem i pamiętam, że moja dusza każdorazowo doświadczała przemożnego cierpienia, kiedy rodzice wysyłali sprzeczne komunikaty. W dorosłe życie wkroczyłam z wacianym kręgosłupem moralnym. Trudno mi było w praktyce stwierdzić, co jest z całą pewnością miłe niebu, a na co z apetytem oblizałoby się piekło. „Musisz mieć świadectwo z czerwonym paskiem, bo jak nie, to będziesz miała przesrane wakacje". No to miałam same piątki i zawsze nieszczęsną czwórkę z matematyki. Pasek był. I przesrane wakacje również, bo w ramach kary za czwórkę musiałam rozwiązywać nieskończoną liczbę zadań z matematyki.

Nie można sugerować dziecku, że powinno pisać pamiętnik, bo ten przyjmie każdą tajemnicę, i jednocześnie raz w tygodniu kazać odczytywać go sobie na głos. Nie można mówić (po inspirującej lekturze poradnika dla rodziców): „Pamiętaj synku, że chłopcy też mają prawo płakać", a potem, kiedy chłopak płacze, że jego drużyna przegrała mecz (bo puścił trzy gole), rzucić: „Przestań się mazać, bo wszyscy się będą z ciebie śmiali". „Przemoc nie jest rozwiązaniem" kontra „Co ty, oddać nie potrafisz?!"; „Kłamstwo to grzech" kontra „Nie mów tatusiowi, że był u nas wieczorem pan"; „Ja, rasistą?!" kontra „Czarnych wnuków niańczył nie będę!".

Dzieciaki są co prawda niższymi wzrostem, ale jednak l u d ź m i. A już te współczesne to jakiś zupełnie niezwykły gatunek. Bystre programowo. Takiego osobnika nie okłamiesz, on czyta emocje. Są wrażliwe ponad miarę, dlatego piekielnie łatwo je zepsuć i wypuszcza się wtedy z gniazda w świat chorych na mentalną osteoporozę słabeuszy lub hejterów z patologiczną atrofią empatii i pozostałych uczuć wyższych.

Nie rzucam kamieniem z Olimpu macierzyńskiego samozadowolenia. Nie jestem bez winy.

Halo

Halo

halo? Halo?!

Halo?!

Halo

Halo

halo?

Gdy dzwoni ktoś,
z kim nie chcesz rozmawiać,
mówisz: „Halo, halo, halo?
Halo?!" – i się

rozłączasz.

Skąd ci wszyscy ludzie mają mój numer telefonu? Jak na kobietę prawie pięćdziesięcioletnią znam naprawdę niewiele osób. W każdym razie niezbyt wiele takich, do których wypada bez skrępowania zadzwonić. Tymczasem telefon dzwoni niemal nieprzerwanie. Dzwonią panie z pytaniem: „Czy rozmawiam z panią Katarzyną Nosowska?". Nie Nosowską. N o s o w s k a. Odmianie podlega jedynie imię. Potem proponują pakiety, aneksy do umów, nowe produkty bankowe. Dzwonią ludzie z telewizji śniadaniowych z propozycją wypicia herbaty lub kawy, soku czy wody, na kanapie albo w fotelu, ale zawsze przed kamerą. Dzwoni długowłosy aktywista w sprawie marszu, producentka w sprawie kolęd, aranżer w sprawie hołdu dla barda. Dzwoni piosenkarz i mówi, że uwielbia poetykę moich tekstów, więc chciałby, żebym mu coś napisała na nową płytę, tylko inaczej niż piszę, bardziej jakby to ktoś inny pisał.

Zmieniłam numer, ale tydzień później już go mieli i telefon znów dzwonił. Mogłabym nie odbierać połączeń z nieznanych numerów, ale syn ma wiecznie rozładowany albo niedoładowany telefon, więc dzwoni od znajomych, a przecież coś się może dziać, coś strasznego nawet...

Czemu telefonują bezpośrednio do mnie? Wszak mam menadżerkę, która jest mi jak siostra, która nudzi się pewnie w pracy, bo jej telefon milczy, a przecież rękę, ucho i aparat mowy ma wręcz skrojone na potrzeby dzwoniących... Ja przy telefonie się wiję, barwa głosu zmienia mi się na dziecięcą, policzki płoną wstydem, a z lęku przed odrzuceniem zgadzam się na wszystko. Zgadzam się na marsze, na zaśpiewanie coveru *Poison*, na skok bez spadochronu, na sesję w bieliźnie, na tatuaż z delfinem, na ślub w telewizji, biletowany poród, na zabieg odjęcia nosa i zatopienie go w bursztynie... A potem, kiedy dzwonią w sprawie ustalenia terminów, muszę, no po prostu muszę powiedzieć: „Halo? Halo?" i się rozłączyć.

Jeśli twoja najlepsza przyjaciółka
mówi do twojego chłopaka:
„Masz przerąbane,
ona jest taka trudna",
to możesz mieć pewność,
że w pojedynczym namiocie,
z braku miejsca,
spaliby na jeźdźca.

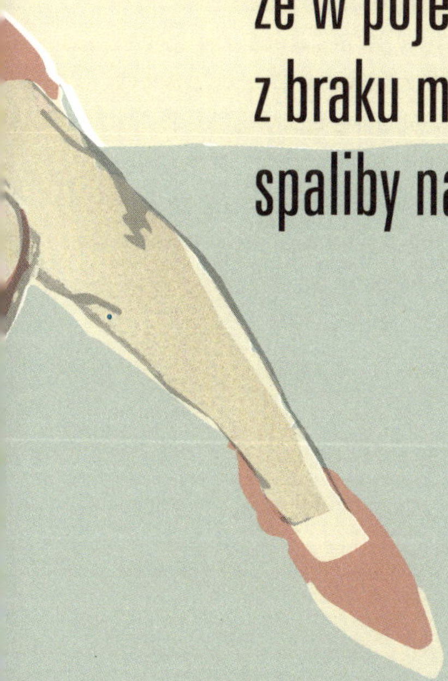

Uważam, że kobiety potrafią stworzyć przyjacielską relację, wspierać się, spędzać satysfakcjonująco kolejne godziny podczas babskich nasiadówek. Potrafią do chwili, gdy przepływu w kobiecym kręgu nie zaburzy obecność samca. Natychmiast da się zaobserwować rozkojarzenie, przygryzanie warg, nawijanie loka na palec, ewentualnie przerzucanie z lewej na prawą całej czupryny, bujanie nogą, zsuwanie buta z pięty, zabawę łańcuszkiem lub kolczykiem. Istny festiwal uwodzenia. I nie chodzi o wywalczenie najwyższej noty za taniec godowy u samca jurora, pokonanie pozostałych tańczących i zdobycie nagrody głównej – dwóch kryształowych kul jego jąder. Nie w każdym przypadku. Często celem jest samo przekonanie, że gdyby tylko tancerka kul zapragnęła, toby je miała.

Atrakcyjny facet to przekleństwo. Bez przerwy krzyżujesz spojrzenia z innymi kobietami, które zdają się mówić: „Booożeee, taki fajny facet, co on z nią robi?". Proszą go do tańca na imprezach. Proszą o ogień i przytrzymują jego dłoń, ciągnąc płomień papierosem za długo, niemal do uduszenia. Proponujecie wspólnie samicy podwózkę, ona ładuje zad na przednie siedzenie, a ty siedzisz z tyłu niewidzialna, podczas gdy ta figluje z twoim partnerem werbalnie.

Zwierzasz się przyjaciółce, że chłop za bardzo polubił alkohol, że wykręca butelki, żeby ani kropli nie uronić, mówisz o braku poczucia bezpieczeństwa, kiedy gęga zamiast mówić, a ta przychodzi do was z jackiem daniel'sem i wesoło zagaduje: „Co ta twoja za głupoty opowiada, że masz problem z piciem? Daj spokój! Dla mnie z colą!".

Albo przeżywacie drobny kryzys, on prosi ją o radę (przecież jesteście przyjaciółkami), a ta wypala: „Odpuść sobie. Może po prostu do siebie nie pasujecie. Znajdź sobie kogoś, kto cię zrozumie. Ja na przykład rozumiem cię doskonale...".

Metodą na uniknięcie podobnych sytuacji jest poproszenie przyjaciółki o wskazanie grupy facetów skrajnie odpychających i zaczerpnięcie męża z tego zbioru. Można też wybrać na przyjaciółkę lesbijkę. Można poszukać przyjaciółki, która z domu wyniosła przekonanie, że zajęty facet jest jak piekielnie kosztowne dzieło sztuki, przy którym waruje strażnik, a od zwiedzających oddziela je dodatkowo elektryczny pastuch. Ostatecznie można się zaprzyjaźnić z facetem.

Moi koledzy z zespołu mówią, że jak suka nie da, to pies nie weźmie. Nie wolno przyjaźnić się z sukami.

A JA ŻEM JEJ POWIEDZIAŁA, KAŚKA...

JEŚLI CHODZI O CIEBIE, TO CZARNY

WYSZCZUP-
LA

No, nie wyszczupla.

Żyłam dość długo w przekonaniu, że nadmiary nikną w zestawieniu z czarnym. Instynktownie wyłapuję czarne egzemplarze ze sklepowych wieszaków. Moja szafa wygląda jak wypożyczalnia strojów dla żałobników. Kiedy konkubent pyta, gdzie są kluczyki do samochodu, a w odpowiedzi słyszy: „W płaszczu, tym czarnym" – ogarnia go bezsilność.

Przy drobnej nadwadze kupowałam odzież w kolorze nocy, ale w swoim rozmiarze. Komórki tłuszczowe mnożą się jak króliki, więc w krótkim czasie zaczęłam kompulsywnie nabywać gigantyczne plandeki w wyszczuplającej barwie, z nadzieją na uzyskanie optycznej iluzji i zupełnie prywatnego wrażenia, że skoro dynda, to znaczy, że nie jest tak źle. Do perfekcji opanowałam pozowanie przed domowym lustrem w sposób gwarantujący ciepłą, pocieszającą autorefleksję.

Co z tego, skoro fotografie nie kłamią? Telewizja wręcz grzeszy prawdomównością. Internety pęcznieją od kolejnych dowodów na nieprawdziwość teorii o wyszczuplającym wpływie czerni, a dowodów dostarczam od wielu lat właśnie ja. Twórcom samej teorii zawdzięczam zaś pozostawanie w iluzorycznym przeświadczeniu, że czarna plandeka jest czarną niewidką, w której sunę po osi czasu niezauważalna dla innych.

Do wora z kłamstwami dorzuciłabym jeszcze to serwowane dziewczynom z otyłością brzuszną, którym stylistki proponują sukienki i tuniki odcinane pod biustem... Helou! Taki krój jest zarezerwowany od wieków dla kobiet w zaawansowanej ciąży! I tak właśnie wyglądamy wystrojone w empirowe suknie. To dlatego ustępują nam miejsca w tramwajach, autobusach i metrze.

Proponuję natychmiast uczynić ucho głuchym na podszepty stylistek, pozbyć się odzieży o tym kroju. No, może z wyjątkiem jednej sztuki, którą można przywdziać, idąc na zakupy, by dostać się do kasy bez kolejki...

A JA ŻEM JEJ POWIEDZIAŁA, KAŚKA...

Udawać orgazmy? Bardzo proste.

Spróbuj poudawać szczęście.

Rozmawiałam kiedyś z chłopakami z zespołu o seksie. Wszyscy oczywiście serwowali opinie eksperckie. Dopuszczali do świadomości istnienie mężczyzn, których da się oszukać w alkowie, ale we własnym odczuciu nie należeli do tej grupy. Rozstawali się z kolejnymi partnerkami, współczując im ogromnie, że oto tracą jedyną w życiu szansę na rzetelny orgazm, realną rozkosz. Jak większość prawdziwych mężczyzn wyedukowani na pornosach żyją w przekonaniu, że objawy kobiecego orgazmu są takie, jak widać na ekranie.

Po pierwsze, babka jęczy, popiskuje, czasem – kiedy orgazm jest wyjątkowo intensywny – wyje. To znaczy wyje cały czas, zwiększając stopniowo natężenie głosu aż do dziesiątki w skali dziesięciostopniowej, która jest zarezerwowana dla szczytu orgazmu. Chłopak czeka na puchar, jest gotów polewać publiczność wstrząśniętym szampanem za każdym razem, gdy sąsiedzi wkurwieni i zazdrośni walą miotłą w podłogę, sufit lub kaloryfer, umęczeni hałasem, który czyni zorgazmowana partnerka.

Po drugie, rozkosz wywraca gałki oczne na lewą stronę – kobieta patrzy do wewnątrz, a on widzi jej białka. Puchar, szampan!

Wprawne w udawaniu kobiety wiedzą, że oczytani faceci oczekują skurczów, więc ćwiczą sobie mięśnie Kegla, zaciskając je na prątku ukochanego. Szampan, puchar!

Amerykańscy naukowcy twierdzą, że siedemdziesiąt procent kobiet nie miewa orgazmu. Z powodu fizjologicznych uwarunkowań lub blokad psychicznych. Czemu udają? Bo boją się stracić partnera, który gaśnie przytłoczony poczuciem winy, że nie potrafi ich zaspokoić. Bo same gasną, mając poczucie wybrakowania. Wystarcza im świadomość, że facet jest zadowolony. Wolą protezę orgazmu, którą staje się jego orgazm.

Znam kobietę, która zachowała swój klejnot jako poślubny dar dla męża, urodziła dwójkę dzieci, żyła wiele lat na erotycznej pustyni, gdzie fontanny rozkoszy nie widziała nawet w formie fatamorgany. Myślała, że tak ma być, że orgazm to mit, opowieści dziwnej treści. Do czasu aż wpadła niechcący w wir romansu, który z pustyni przeniósł ją wprost pod Niagarę.

Udawanie orgazmu jest smutne, frustrujące, ale stosunkowo łatwe. Szczęścia nie poudajesz. Zdradzi cię mgiełka tęsknoty za nim obecna na tęczówce oka. Zdradzą cię łzy, które niekontrolowanym strumieniem popłyną, gdy w filmie obraz szczęścia pokażą aktorzy. O braku szczęścia przypomną ci te samotne, ciche minuty przed zaśnięciem, gdy będziesz starała się wymodlić o szczęściu sen.

W grę może wchodzić

niewierność.

Dwa razy na imprezie nalał ci

za mocnego drinka, z tego wynika,

że ta kobieta lubi sobie golnąć.

Zazdrość czyni z nas gończe psy. W aptecznej dawce bywa piękną deklaracją zaangażowania, ale w ilości, do której przewożenia przydałby się tir, szkodzi, niszczy, infekuje. Żyzną glebą, na której kiełkuje, gdzie się ukorzenia i wzrasta grubym kłączem do nieboskłonu, jest niska samoocena. Przeczuwamy brak szans w starciu z resztą świata. Marzy nam się eksterminacja wszystkich, którzy mogą zagrozić naszej relacji. Bez wyjątku, bo atrakcyjniejsi od nas są po prostu wszyscy. Produkcja kortyzolu nie ustaje, czujność na najwyższym poziomie – nawet w snach, gdzie również czyhają sępy miłości. My po prostu wiemy, że zdradzi.

Codzienność sprowadza się do szukania dowodów na niewierność i oczywiście znajdujemy je na każdym kroku. Kolekcja rośnie. A że spojrzał tak dziwnie, a że wyszedł z telefonem do przedpokoju, a że wrócił po dwudziestu minutach z kiosku, podczas gdy trasa tam i z powrotem zajmuje siedem i pół minuty, plus dwie na kupowanie, no, pięć – gdyby była kolejka – skąd więc dwadzieścia?! Kąpie się? Po co? Gdzie niby zdążył się wybrudzić? Perfumuje się? Dla kogo? Mówi, że jedzie do matki. Przecież był tydzień temu, o czym tyle gadać z matką?! Telefon kładzie ekranem do dołu, a na noc wyłącza. Wciska ci, że mówił w zeszłym tygodniu o rozwodzie kumpla, a ty wiesz, że słyszysz o tym pierwszy raz! Komu w takim razie mówił?! Pytasz, czy podoba mu się Angelina Jolie, a on mówi, że nie. Kłamie. Pewnie mówi tak, żeby ukryć ich romans. Kupił płytę Ani Dąbrowskiej, że niby dla ciebie. Pewnie ze sobą chodzą. Pomógł sąsiadce skręcić meble – ta, jasne, może i skręcił, ale tylko po to, by ją na tych meblach wyspółkować.

Wszystko cię boli, w duszy cię łupie. Błagasz, żeby się przyznał, on błaga, żebyś przestała błagać, bo jest niewinny, bo dłużej tego nie wytrzyma. Przechodzisz do podziemia, do partyzantki, ale swoje wiesz.

Finał? Rzuca cię w cholerę, bo go zajeździłaś, a naprawdę nie istniał dla niego nikt poza tobą. Zdradza, bo i tak ma przerąbane, więc przynajmniej chce wiedzieć, za co jest obijany. Opcja trzecia – miałaś rację, miałaś nosa: spółkował i z Angeliną, i z Anią.

A JA ŻEM JEJ POWIEDZIAŁA, KAŚKA...

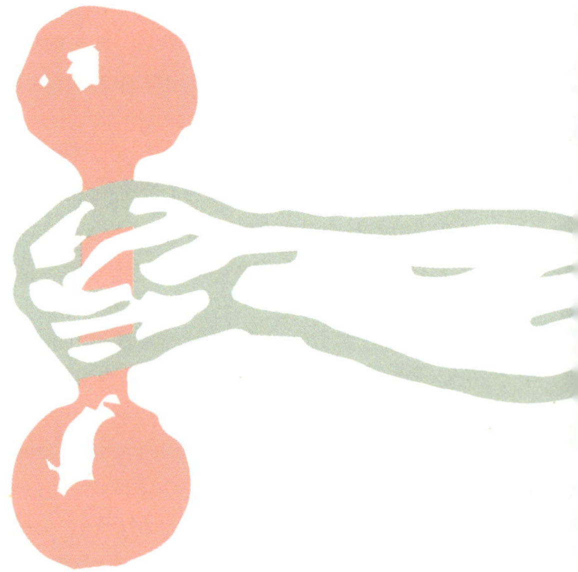

Może byś włożyła
coś elastycznego
i poćwiczyła z Anną Ewą
Lewandowską-Chodakowską
albo chociaż ją pooglądała.

Boję się, że kiedy porzucę ciało, by udać się na wieczne łowy, któraś z bliskich mi osób na pytanie: „Co było najbardziej charakterystyczne dla Katarzyny?", odpowie bez zastanowienia: „Była jedyną znaną mi osobą, która z nienadużywania ruchu uczyniła sens życia". Lubię siedzieć, polegiwać, wysiadywać jajo rozczarowania światem w gnieździe uwitym z kołdry. Staram się otaczać dobrymi ludźmi, którzy chętnie, bez najmniejszego oporu pokicają mi po herbatkę, fajki, podadzą talerz z ciepłą strawą, potem drugi, trzeci i kolejne. Dawno temu zdarzało mi się wspinać na mount everest szóstego piętra prawie każdego dnia. Dawno temu używałam nóg. Odkąd jako dojrzała kobieta zrobiłam prawo jazdy – zawsze się wożę. Odkąd zamieszkałam na parterze – nie muszę ryzykować utraty życia podczas wspinaczki.

Jestem teoretykiem wysiłku. Kupuję pisma poświęcone fitnessowi. Lubię dresy. Obserwuję profile trenerów personalnych. Śledzę progres w modzie sportowej i na rynku odżywek białkowych. Odwiedzam stepper w piwnicy, żeby wiedział, że jestem, że pamiętam. Ronię łzy wzruszenia, patrząc na metamorfozy dziewczyn i kobiet, jak Polska długa i szeroka. Mam buty do biegania, bieliznę termiczną, hantle, ekspandery, gumy fitness, profesjonalną skakankę, baletki i matę do jogi, DVD z Ewą, DVD z Anią, Jane, Cindy, podręczniki o pilatesie w weekend, muskulaturze w tydzień, rower, buty narciarskie i snowboardowe spodnie. Miałam też sto sześćdziesiąt kilo żywej bieżni, którą jednak zamieniłam na stoliczek i dwa krzesełka, żeby kawkę z koleżankami pić (na werandzie, gdzie stała bieżnia) kulturalnie, jak to czynią damy.

Dwukrotnie zakupiłam karnet na siłownię. Raz roczny w ramach motywacji. Pary wystarczyło mi na trzy miesiące, aż przyszedł ten jeden poranek, kiedy mały wewnętrzny podpierdalacz wysyczał mi w głowie: „Zimno jest, dokąd będziesz lazła w tę słotę i smog". No to nie poszłam. Kilka lat później na fali zdrowego rozsądku zakupiłam karnet trzymiesięczny.

Na tyle wystarczyło mi zapału. I znów wewnętrzny puczysta szeptem nieznoszącym sprzeciwu odwiódł mnie skutecznie od pomysłu przedłużenia romansu z siłownią.

Praktycznie spalam kalorie w sposób, który nie boli. Dziewięć godzin czytania – około 400 kcal. Leżenie – 372 kcal. Śpiewanie – 1116 kcal! Miałam nosa, wybierając zawód. Aż strach pomyśleć, ile bym obecnie ważyła, gdyby nie te kilkadziesiąt koncertów rocznie... A Annę Ewę Lewandowską-Chodakowską mogę oglądać codziennie. W czymś elastycznym oczywiście. Dziewięć godzin oglądania na leżąco to będą 372 kcal... – mało. Mogę dorzucić śpiew.

Nie możesz się witać
z kolegami syna:
„Elo, ziom", bo to
nie jest na propsie
(to znaczy: nie mów tak!),
bo to jest przypał
(nie mów tak!).

Kiedy mój siedemdziesięcioletni tata mówi przed koncertem: „Dajcie czadu", a po koncercie: „No, zajebiście było", to czuję, jak na membranę uszną opadają mi ostro zakończone drobiny dysonansu, powodując mikrouszkodzenia. Tak jak wtedy, gdy scenarzysta wkłada do ust nastoletniemu współcześnie żyjącemu bohaterowi sformułowanie: „Zapaliłbym marychę". Albo: „Koledzy, Marek robi dziś prywatkę, może skoczymy?".

Podjechałam kiedyś po syna samochodem. Przywitał mnie krótkim: „Elo". Odpowiedziałam: „Elo", bo przecież jestem spoko matką. Miał niezłą bekę. Yyy... – to znaczy: śmiechu było co niemiara.

Mam ambicję korzystać z niezbywalnego prawa do samodzielnego decydowania o tym, co przystoi, a co nie kobiecie w moim wieku. Lubię bluzy z kapturem i takie z napisami również. Jeśli sympatia nie przygaśnie, kiedy przekroczę siedemdziesiątkę, będę śmigać na roraty w bluzie i dziwnych butach, bo co jak co, ale dziwne buty kocham. Będę chodzić na koncerty i wyglądać nowości płytowych. Będę słuchać rapu, bo mnie totalnie jara. Yyy... – to znaczy: przepadam za tym gatunkiem muzycznym. Będę tańczyć przed lustrem, jeśli kręgosłup pozwoli. Będę się malować i dzwonić bransoletkami. Będę podróżować z plecakiem i szukać nowych smaków. Będę gwizdać podczas sprzątania i śpiewać głośno w samochodzie. Kopać kamienie, robić balony z gumy do żucia i testować długopisy, pisząc „Lekcja" i „Temat" – tak jak robię to do tej pory. Podrygiwać do muzyki w sklepach. Gilgotać partnera i pozwalać na rewanż, wsadzać mu rękę do majtek w windzie, całować podczas jazdy ruchomymi schodami. Pisać swoje imię na mokrym piasku. Będę się cieszyć, że mój ojciec mówi: „Dajcie czadu".

Nie zdziadzieję. Nie pozwolę młodym wypchnąć się na margines życia, moje spojrzenie nie zmatowieje, nie przestanę marzyć. Elo! Elo, Wasza mać!

A JA ŻEM JEJ POWIEDZIAŁA, KAŚKA...

**Uświadom kolegom – nie chodzi o to,
żeby pocałować, potem masować jedną pierś,
potem drugą pierś masować, a potem faszerować,
faszerować, faszerować... Trzeba pytać kobietę.**

Odkąd Sting wyznał w wywiadzie, że z tantrą jest za pan brat, co pozwala mu kochać się z żoną kilkanaście godzin z rzędu, mężczyźni podupadli na duchu. Jakby tym jednym zdaniem nie dość, że ich wykastrował, to jeszcze uczynił z tego aktu wyrafinowaną torturę – ścinając z przyrodzenia plasterek po plasterku do samego korzenia. Tyle plasterków fiutaccio, ile sekund liczy zbliżenie Stinga z małżonką.

Ocalała oczywiście grupa nadambitnych, którzy bez rozgrzewki (żeby nie wytracać pędu) rzucają się na partnerki z okrzykiem „Pokonać Stinga!" na ustach i... odpadają w przedbiegach. Nie rozumieją, bo nie doczytali, że „kochać się całą noc" (ani dla znanego piosenkarza, ani dla żadnej z kobiet) nie oznacza całonocnego ruchu posuwisto-zwrotnego. W tantrze pozostawanie w bezruchu, wwiercanie się spojrzeniem w oczy partnera, jakby się chciało przecisnąć przez ciasny otwór jego źrenicy do wnętrza czaszki, by spotkać tam jego duszę – to właśnie nabija licznik czasu. Perspektywa nawet dwóch godzin bezustannego tarcia wprawia kobietę w popłoch. Po co? Na co? Za co?!

Zanim postanowisz zmaltretować delikatną wyściółkę jej wnętrza, zrób test na sobie. Trzyj przez godzinę non stop wierzch swojej dłoni. Wynik końcowy i tak nie będzie miarodajny, bo ręka bywa w świecie, jest zahartowana. Kiedy z bekiem pójdziesz po zwolnienie lekarskie – bo boli, bo piecze, bo rana – pomyśl o tej ciepłej, ciemnej, delikatnej jak szczenięcy brzuszek przestrzeni skrytej we wnętrzu kobiecego ciała.

Z pornosa nie nauczysz się ars amandi. Z piersią można zrobić o wiele więcej niż tylko międlić. Trzeba pamiętać, że często występują w parze. Jakże smutna jest pierś, którą pominięto, która jest niewidzialna i nie zasługuje nawet na międlenie.

Gwiazda porno wygląda na ucieszoną, gdy kopulator umieści czupryn w imadle jej ud, ale to nie chodzi o głowę w imadle. Pełni zadowolenia nie gwarantuje ślepe obrabianie językiem całej grządki. Warto spytać wprost, który jej fragment jest najbardziej żyzny, a nie złościć się w duchu, że za długo nic nie wyrasta.

Kobiety często nie traktują z jednakową sympatią wszystkich części swojego ciała. Rzadko myślą o łokciach, miejscu pod kolanami, grubej strunie ścięgna Achillesa. Chłopak, który zauważy te miejsca, oświetli reflektorem spojrzenia, dotyku – przechodzi do historii jako bohater. Sting pewnie nadał imiona wszystkim pieprzykom żony i z każdym z nich zamienia kilka przyjaznych zdań, zanim rozgości się w jej waginie.

Oczywiście to działa w obie strony. Jestem przekonana, że żona piosenkarza nie leży jak kłoda z Sherwood, przyjmując biernie hołdy. Na pewno spytała go, czy lubi, kiedy wygrywając melodię na jego flecie, zahacza zębami o lakier, zostawiając rysy. Na pewno powiedział jej, że niekoniecznie. Łokcie Stinga czują się pewnie popularne, a jego zadek małżonka potrafi narysować z pamięci. Warto rozmawiać, żeby nie być w alkowie ani spóźnialskim, ani pospieszalskim.

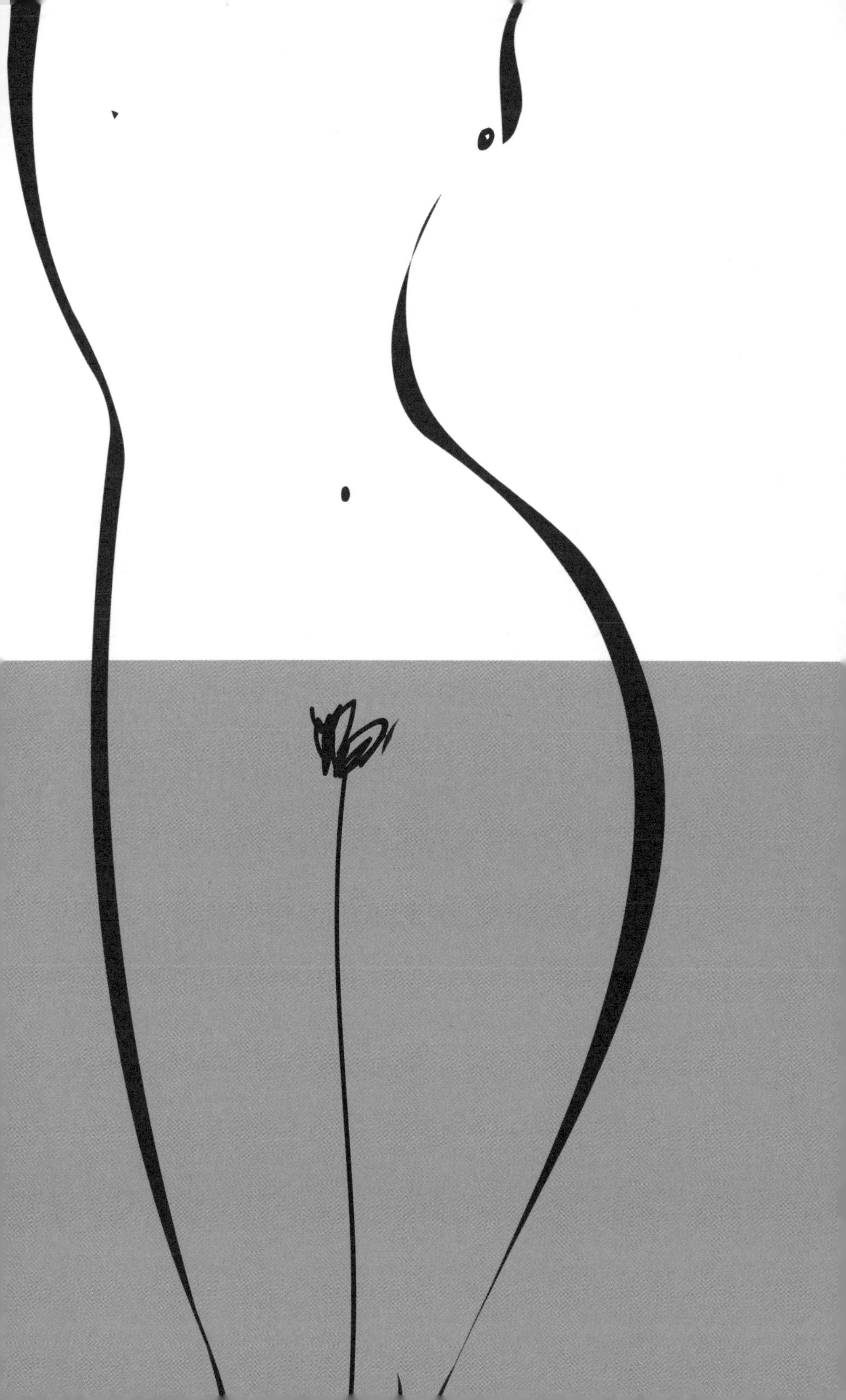

Książka *Sexy mama* już jest, może więc to ty powinnaś dopisać dwie brakujące do trylogii części: *Sexy babcia* i *Sexy zmarła*?

W dzisiejszych czasach kobieta miła, dobra, zadbana, wykształcona, spełniona jest – jak mawia młodzież – spoko. Jeśli na liście jej zalet nie pojawia się jednak słowo „seksowna", to całą resztę można o kant zadka potłuc. Seksowna, seks... Ten człon sugeruje wprost, że chodzi o elementy zachowania, wyglądu, jakie przenoszą posiadaczkę na kładkę, grzędę, z której chętnie brałyby koguty. Legiony kogutów. No bo jaki inny sens ma publiczne wystawianie rozgogolonych piersi, ud, pupy w miejscu innym niż witryna w dzielnicy czerwonych latarni? Tam prezentowanie walorów cielesnych, masowanie się po nich, wydymanie ust, oblizywanie palca ma głęboki sens marketingowy.

Nie rozumiem za bardzo, czemu warto być seksi na premierze filmu, na siłowni, w sklepie, na kanapie w śniadaniówce, z rana. Jakoś zupełnie niepostrzeżenie wciśnięto nam do głów, że zawiera się w tym jakaś szczególna wartość. Nie wiem, kto kazał gwiazdom oblewać gesty i przekaz polituрą zmysłowości lub nawet wyuzdania, ale myślę, że od nich „zaraza" poszła dalej i dotarła pod strzechy. Dlaczego trzeba uwodzić cały świat i to non stop? Dlaczego niektórym tak bardzo zależy, żeby zebrać jak najwięcej deklaracji sprowadzających się do jednego zdania: „Dymałbym" albo drugiego: „Ta to się musi dymać"? Jest w tym coś nerwowego.

Sporo gwiazd marzy o nagiej sesji w piśmie erotycznym. Mówią: „Kiedy, jak nie teraz?", „Chciałam mieć pamiątkę"... *How about* „Nigdy"? Jaką, kurde, pamiątkę?! Jest coś fajnego w próbie zatrzymania momentu na papierze fotograficznym, ale czy nawet bardzo frywolna poza nie może spocząć w archiwum domowym? Czy pamiątkowe zdjęcie własnego dupska musimy ofiarować żołnierzom, policjantom, lekarzom, motorniczym tramwajów i przedstawicielom pozostałych profesji? No, jest w tym coś nerwowego.

Po co marznąć w przezroczystej obcisłej sukience, spod której wyzierają postawione na baczność przez mróz lodowate sutki? W sytuacji intymnej można, a nawet trzeba wszystko, czego dusza zapragnie, ale wszędzie indziej? Chyba że ktoś poszukuje. Ale po co w trakcie wstępnego rekonesansu przeinwestowywać? Tym bardziej że wbrew pozorom faceci przeczuwają, czy dana kobieta jest grzechu warta, bazując na bardziej subtelnych danych. To się po prostu wie. My, kobiety, też raczej nie rozpatrujemy tête-à-tête z kolesiem, który rano na ulicy stoi w koszuli rozpiętej do pępka, seksownie zanurza łapę we włosach, a z rozporka wystaje mu kawałeczek zmarzniętego prącia tak seksownie, dla zachęty...

Sexy mama? Czyli taka, którą ewentualnie puknęliby koledzy taty? Czemu nie *Szczęśliwa mama*? Chętnie dopisałabym dwie brakujące do trylogii części. *Szczęśliwa babci*a dla babć zasługujących, by przywrócić je z zacienionego marginesu do słońca, do życia. I *Szczęśliwa zmarła* dla żyjących potomków zmarłej, którzy żegnali ją licznie przy mogile, a potem żyli godnie i szczęśliwie, by nie musiała się w grobie przewracać.

Jeśli partner daje ciała,
a potem przynosi kwiaty
i mówi:
„Nie wiem,
co się ze mną stało",
to albo inwestujesz
w więcej wazonów,
albo uciekasz.

Kiedy mama opuszczała rodzinne gniazdo, babka wyposażyła ją w kołdrę z pierza, a do tobołka wrzuciła kilka sprawdzonych rad. „Lepiej, żeby kobieta kochała mężczyznę ciut mniej niż on ją", „Jak uderzy raz – będzie bił zawsze", „Jak zdradzi raz – zdradzi kolejny", „Lewe oko śmiewe, prawe łzawe" – gdy swędzi, stosowane wymiennie z „Lewe na ulewę, prawe na zabawę", „Jak się nie potłucze, to się nie nauczy". Mama utrwalała sobie babcine prawdy, powtarzając je często na głos.

Kiedy opuszczałam Szczecin, też miałam kołdrę pod pachą i nie potrzebowałam tobołka – wiano przekazywanych z pokolenia na pokolenie rad znalazło bezpieczne miejsce w mojej podświadomości. Dosyć szybko znudziło mnie przesiadywanie w przedsionku oświecenia. Pragnęłam zasłużyć na wejście do przedpokoju, potem na salony, by ostatecznie zwiedzić wyższe kondygnacje, a gdy przyjdzie pora, skoczyć w wieczność z czubka dachu – dobra, mądra, doskonała. Nie chciałam kochać ciut mniej. Kochałam za bardzo.

Była zima. Na naszych rękach dogorywał stary rok. O północy odpalono szampany na powitanie oseska, nowego. Fajerwerki wyglądały jak kolorowy haft na czarnym aksamicie nieba. Wymiana słownych pocisków. Kończy mi się amunicja. On ciągle strzela. Osuwam się na śnieg. Kopie mnie. Nie mam siły się bronić. Płaczę. Chwytam jego spojrzenie, ma temperaturę otoczenia. Ostatni nabój. Moja rozpacz barwi śnieg na niebiesko. Rano przeprasza. Wybaczam. Mama mówi: „Uciekaj". Nie słucham. Przecież „przepraszam" coś znaczy.

Przychodzi lato. Jezioro jest czyste, podglądamy raki, w te wakacje czytam Hrabala. Myję naczynia, żartuję. Tego dnia gubi poczucie humoru. Kiedy uderza mnie drugi raz, kończy się „Lato z Radiem". Wybija południe. Moje serce martwieje. Już wiem, że nie przetrwamy.

Pamiętam jego imię. Nie chowam urazy, ale cenię sobie odległość, jaka nas dzieli.

Kiedyś spytałam Jakuba Żulczyka, czy frajerstwem jest dawać drugą szansę. Odpowiedział: „Nie. Frajerstwem jest dać trzecią". Trwam przy tym. Synowi na drogę, do tobołka, wrzuciłam radę Żulczyka.

A JA ŻEM JEJ POWIEDZIAŁA, KAŚKA...

A gdybyś, dajmy na to, nażarła się spontanicznie produktów zmieniających rysy twarzy, a potem zaszła w ciążę, to dziecko byłoby podobne do ciebie przed czy po?

Mogłoby się wydawać, że z intymnego spotkania dwojga obiektywnie pięknych ludzi po dziewięciu miesiącach przyjdzie na świat obiektywnie piękne dziecko. Bywa różnie. Jeśli ojciec trzyma w szpargałach szarfę Mistera Polski, a za matką raczej się na ulicy nie oglądają, dziecko powinno być ładne, jeśli pójdzie w ojca, a takie sobie, jeśli będzie podobne do matki. Bywa różnie. Jeśli rodzice nie mają szans zostać supermodelami, to dziecko również nie powinno liczyć na sukces w modelingu. Bywa różnie.

Jedno jest pewne. Jeśli dziecko do pełnoletności wytrzyma w nieatrakcyjnej powłoce, może ją zrzucić i resztę życia przepędzić jako piękne pośród pięknych. Wystarczy odpowiednia dieta. Składa się z produktów zmieniających rysy twarzy spożywanych w niemal dowolnych ilościach, co czyni ją mało uciążliwą.

Rano wypijamy aksamitny koktajl z owoców zmieniających rysy twarzy zmiksowanych z lekko gazowaną, zmieniającą rysy twarzy wodą. Jest niezwykle sycący, ale dla prawdziwych głodomorów przewidziano zmieniającą rysy twarzy jajecznicę z grubą pajdą zmieniającego rysy twarzy chleba, który różni się od zwykłego tym, że zmienia rysy twarzy. Po dwóch godzinach można spożyć jedną ze zmieniających rysy twarzy przekąsek, które sprawią, że oczekiwanie na zmieniający rysy twarzy obiad będzie przyjemne.

Podstawą składającego się z trzech dań zmieniającego rysy twarzy obiadu jest zupa krem przygotowana z czterech podduszonych na patelni, a następnie zmiksowanych warzyw zmieniających rysy twarzy. Ważne, żeby były to warzywa zmieniające rysy twarzy. Użycie choćby jednego niezmieniającego rysów twarzy sprawi, że cofniemy się na start. Potem lekkie wołowo-pszenne leczo (zdecydowany faworyt naszych klientek) przygotowywane na bieżąco, każdego dnia, z wołów karmionych zmieniającą rysy mordy mączką. Pamiętajmy – jesteś tym, co jesz. Rysy twarzy nie zmienią się, jeśli wół przed zabiciem nie zmieni rysów mordy. Na deser zazwyczaj proponujemy zmieniające rysy twarzy brownie, które powstaje w wyniku zmiany rysów ciasta drożdżowego poprzez długie ugniatanie.

Po południu szklanka zmieniającego rysy twarzy naparu ze zmieniających rysy twarzy ziół. Kolacja to zmieniające rysy twarzy grzanki z grubą warstwą zmieniającej rysy twarzy pasty, oprószone zmieniającą rysy twarzy posypką.

Pierwsze efekty diety zmieniającej rysy twarzy można zauważyć już następnego dnia, kiedy rysy twarzy zmienione dietą można zobaczyć w lustrze. Radzimy nie przerywać diety na tym etapie, chyba że wystarczy nam nieznaczna zmiana rysów twarzy. Pełen efekt osiągamy po czterdziestu dniach. Wystarczy wejść na naszą stronę, by zapoznać się z opiniami zadowolonych klientek, opatrzonymi fotografiami sprzed zmiany rysów twarzy i po niej.

A JA ŻEM JEJ POWIEDZIAŁA, KAŚKA...

Bywanie w śniadaniówce jest twoim obowiązkiem. Wiedza na temat wszystkiego pojawiła się w twojej głowie naturalnie, kiedy zostałaś gwiazdą. *Uświadom to sobie, sobie…*

Mój tata jest marynarzem. To znaczy w spoczynku obecnie, ale dawno temu, kiedy uczęszczałam do podstawówki, pływał od portu do portu miesiącami, a kiedy wracał do domu odreagować sztormy, oddawał się z pasją telefonowaniu do Radia Szczecin.

Nasze rodzinne poranki wyglądały niemal identycznie. Dzwoni mój budzik z kurką, która porusza główką w rytm mijających sekund, wstaję jako pierwsza. Udaję się do pokoju rodziców i włączam radio. Ojciec mówi: „Zrób głośniej". Robię. Idę do łazienki. Rodziciel zapala pierwszego papierosa, wsłuchując się chwilę w temat przewodni porannej audycji „Studio Bałtyk". Powiedzmy, że tego dnia chodzi o ocieplanie styropianem budynków i o to, kto powinien za to płacić. Spiker zachęca słuchaczy, by się wypowiedzieli. Ojciec dogasza papierosa i wykręca numer. Z pamięci. „Czołem! Stanisław Nosowski z tej strony. Jeśli chodzi o ocieplanie, to nie ma żadnego sensu. W USA, gdzie byłem wielokrotnie, od lat stosują siding, żaden tam styropian. W ogóle domy powinny być budowane na maksymalnie sto lat, a najlepiej sześćdziesiąt, a potem szlus, nie ma. Niech dzieciarnia buduje sobie swoje..."

Kolejny poranek, tym razem tematem są wróżby andrzejkowe. Papieros. „Czołem! Stanisław Nosowski z tej strony. Jeśli chodzi o wróżby andrzejkowe, to, panie redaktorze... Nie żartujmy sobie nawet. Dziecinada". Tu ojciec zmienia temat audycji na znacznie istotniejszy. Po jakimś czasie redaktor, podając temat poranka, mówi: „Co na to pan Stanisław?". Chwilę później przechodzą poza anteną na ty, by w niedługim czasie spotykać się regularnie na wódeczkę, a ostatecznie spędzać razem wakacje… Bo mój tata wiedział wszystko. Na wszystkim się znał i zna.

Podobnie mają gwiazdy, a na pewno jakaś ich część. Rozsiadają się wygodnie na kanapach i perorują. Na każdy temat. Może czują, że to ich powinność? Jakże muszą mieć przeciążone dyski pamięci, przecież cała wiedza tego świata zajmuje kosmiczną ilość terabajtów!

Do niedawna drżałam na myśl o tym, że ktoś przyłapie mnie na niewiedzy, że zdemaskowane zostanie moje ograniczenie. Teraz czuję się wolna, mam miękkie podbrzusze, przyznając, że nie wiem wszystkiego, a mówiąc bardziej precyzyjnie – wiem niewiele. Przez bramki umysłu przepuszczam tylko fragmenty wiedzy, które z całą pewnością mi się przydadzą, ubogacą mnie, a resztę pomijam, na resztę jestem głucha.

Często myślę, czy gdyby słowa były reglamentowane i każdy otrzymałby ściśle określoną ich liczbę do wypowiedzenia na przestrzeni życia – paplalibyśmy bez opamiętania, jak to czynimy teraz? Czy Stanisław dzwoniłby do radia, wiedząc, że jeśli wyczerpie limit, to zabraknie mu słów, by powiedzieć coś naprawdę ważnego?

A JA ŻEM JEJ POWIEDZIAŁA, KAŚKA...

Dziś niedziela.

Kiedy wy, gwiazdy, leczycie kaca po sobotnich

UCIECHACH,
ZWYKLI LUDZIE

DZIĘKUJĄ
W KOŚCIOŁACH
ZA TO, ŻE JESTEŚCIE.

Zwykli ludzie... To przed nimi gwiazda skrywa swoje niezwykłe spojrzenie za oversizowymi przyciemnionymi okularami podczas zakupów w Zarze albo Carrefourze. To przed nimi gwiazda chroni się w bicepsach swojego ochroniarza niczym Ann w ramionach King Konga. To od nich odgradza się stalowym płotem. To przed nimi ucieka tajnym wyjściem z TVN-u, nie reagując na wołanie. To dla nich robi co rano fotkę swojego ekofit śniadania i kawy z chmurką spienionego mleka, na którym zwykły barista namalował serduszko. Robi to, by zwykli ludzie mogli chociaż popatrzeć, jak powinna wyglądać kawa. Z tego samego powodu zaprasza do mieszkania kamerę – by zwykli ludzie zobaczyli, jak inaczej wyglądają meble z Ikei wystawione na nieziemskie promieniowanie gwiazdy.

Dziedzice i dziedziczki boskiej esencji, nadwrażliwi jak świeżo wyklute, nieopierzone ptaszęta. Kiedy szpikulec krytyki draśnie ich delikatesowe jestestwo, ronią diamenty łez, które – zanim dotkną ziemi – przechwytywane są przez śnieżnobiałe gołębie.

Gdy zwykli ludzie ośmielają się przekroczyć granicę akceptowaną przez gwiazdy (w mowie, uczynku lub zaniedbaniu), te zaczynają się denerwować. Są zmuszone użyć pogardy, „kurwamaci" i „japierdola". Potem opadają na miękkie poduszki, gdzie przez kilka godzin doświadczają spektakularnej migreny.

Nie sposób precyzyjnie określić momentu, w jakim gwiazda uznaje, że oto nie przynależy już do pospolitego ludu. Jednym wystarczy pierwsza wizyta w telewizji, na ściance. Innym – imienne zaproszenie na premierę filmową, pierwsza prośba o autograf, jurorowanie w telewizyjnym show. I zaczyna się rysowanie nosem nieba, nadawanie dzieciom dziwacznych imion, narastające przeświadczenie o własnej omnipotencji.

Prawda jest taka, że to właśnie „zwykli ludzie", częstując uwagą gwiazdę, symbolicznie wynoszą ją ponad czarnoziem zwyczajności i zupełnie dosłownie mogą roztrzaskać kruche, acz wielkiej objętości, ego tejże, uwagę odbierając.

Powiedzmy, że rzeczywistość ma parterową konstrukcję. Uprasza się gwiazdy, by natychmiast zeszły z wyimaginowanego piętra i dołączyły do reszty mieszkańców realnego świata, gdzie niedziela jest niedzielą, wszyscy jesteśmy niezwykli, w poniedziałek zaczyna się kolejny tydzień, a wraz z nim nasz codzienny, zwyczajny bieg po szczęście, miłość i spokój.

A JA ŻEM JEJ POWIEDZIAŁA, KAŚKA...

Może spytaj Nergala,
co zrobić ze starymi książkami.

Wiedza przychodzi do człowieka dokładnie wtedy, kiedy jest gotów ją przyswoić. Nie jesteśmy w tym kontekście stadni. Na nic się zdają zachwyty tłumu, że oto pojawiła się uniwersalna koncepcja, która odmieni życie każdego bez względu na dekoracje, w jakich przyszło mu funkcjonować.

Często sięgam po książkę z polecenia, rzucam spragnione mądrości spojrzenie i po pierwszej stronie już wiem, że nie da rady. Rozpoznaję poszczególne słowa, ale sposób łączenia ich w zdania nie mówi do mnie, nie rozumiem. To jednak nie powód, żebym była agresywna...

Mam naprawdę wiele książek, które stoją, ciasno przylegając jedna do drugiej, w oczekiwaniu na przeskok z ławki rezerwowych zawodniczek do gry, do mnie. To się dzieje. Czasami zajmuje kilka lat, ale gdy przyjdzie wreszcie ten moment, gdy treść ma szansę spotkać się z moją gotowością – zaczyna się piękna przygoda. Tak więc książkom trzeba dać spokój.

Znam pana, który w wyniku iluminacji zbliżył się bardzo do Boga. Nieoczekiwanie pojawiła się w nim przestrzeń, w której jego spotkanie z Biblią – tą tęgą księgą, o której istnieniu wszyscy wiemy, ale niewielu umieściło ją na nocnej szafce z zamiarem przeczytania – przebiegło nad wyraz gładko.

Czytał ją z łatwością jak inni czytają nagłówki artykułów, romanse czy kryminały. Po pierwszym czytaniu od deski do deski stwierdził, że zaczyna od początku i że będzie do końca życia czytał już tylko ją, bo nic równie dobrego nie powstało i nie powstanie. Kiedy tak czytał, poczuł, że rozprasza go obecność całej masy świeckich książek, które gromadził przez lata, które łypią z regału, jakby na coś liczyły, łypią na Biblię zazdrośnie, a ciężar ich frustracji zaczął doprowadzać go do szału. Na tyłach domu uformował z zazdrośnic stos i podpalił. Długo stał z Biblią pod pachą, patrząc, jak płoną słowa, zdania, znaki przestankowe, jak wracają tam, skąd przyszły do głów autorom. Do dziś żyją szczęśliwie on i Biblia, i żona. Tylko po co ta agresja?!

Jednak w pewnych kręgach Biblia może się czuć zagrożona. Tam, gdzie jej treść nie spotyka się z otwartością czytelnika, grozi jej poważne niebezpieczeństwo. Tortury, a nawet śmierć.

Nie ma starych książek. Nie wolno się na książki obrażać za to, że ich nie rozumiemy. To tylko nie nasz czas. Poczekajmy cierpliwie, a nuż widelec – nadejdzie ten właściwy. Albo wyswatajmy je z ludźmi, z którymi stworzą wspaniałe związki już teraz. Spokojnie, bez agresji...

Twój głos naprawdę ma znaczenie!
Wejdź na profil Słońca na Facebooku
i nawrzucaj gnojowi,
że jest nudne
z tym swoim
wschodzeniem
i zachodzeniem.
Trzeba wiedzieć,
kiedy ze sceny zejść!

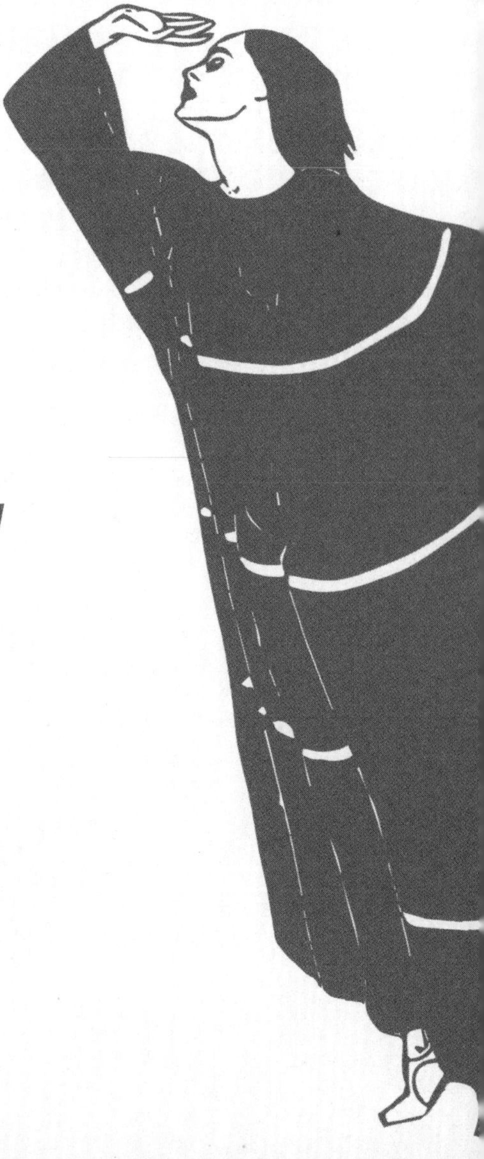

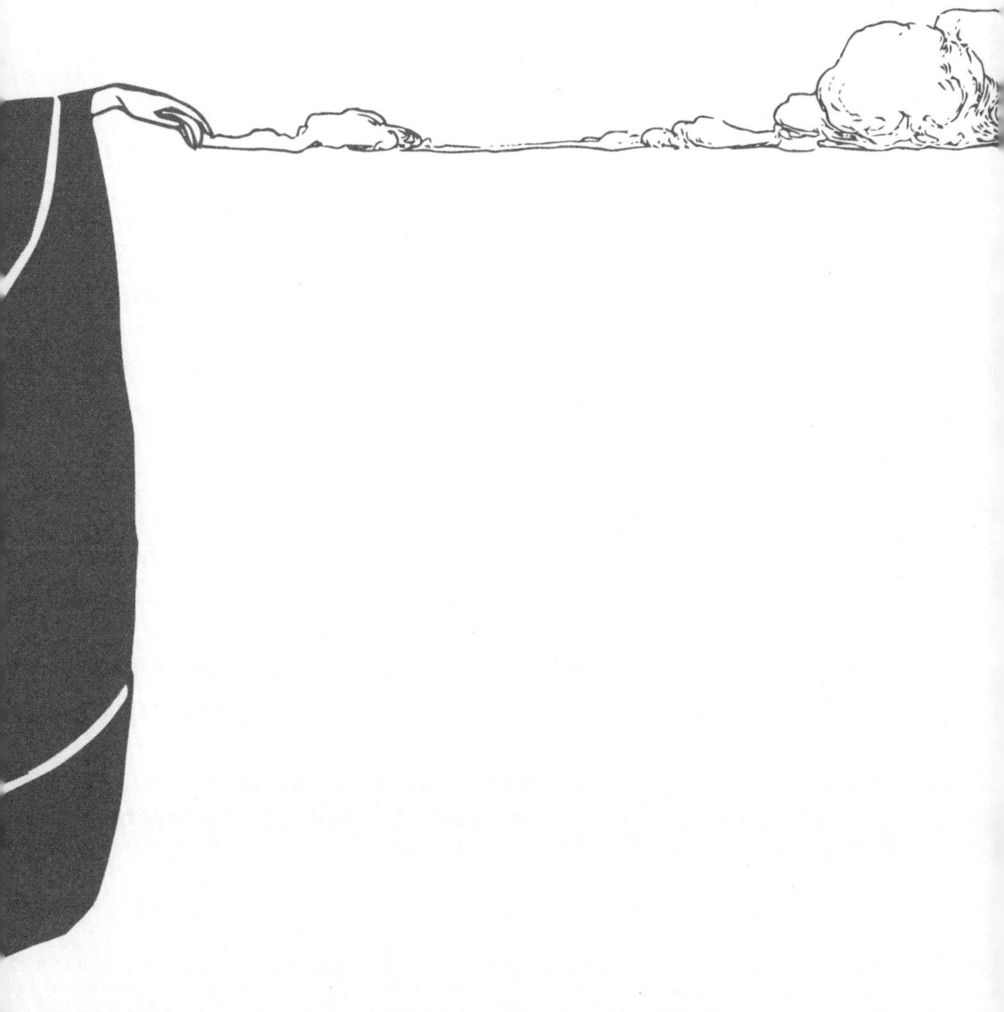

Pobudka. Podnosisz kurtynę powiek i spektakl się zaczyna. Wyobraź sobie, że nie schodzi z afisza tylko ze względu na ciebie. Różni się od innych spektakli tym, że scenariusz powstaje na bieżąco. Masz tu wszystko – napięcie, dialogi, monologi, nagłe zwroty akcji. To spektakl interaktywny, nie jesteś biernym widzem, uczestniczysz, jesteś zaangażowany, nie ma scen bez ciebie. Cel jest jeden. Masz doświadczyć katharsis.

Wyobraź sobie, że ludzie są aktorami. Wszyscy. Nawet ci, o których myślałeś, że należą do twojej bandy, rekrutowani na podstawie więzów krwi lub sympatii. Nie znasz scenariusza. Twoją jedyną wolnością jest własna reakcja. Masz wpływ tylko na kwestie, które wypowiadasz. Możesz reżyserować tylko siebie. W nocy zostajesz sam, oddzielony ponownie kurtyną powiek.

Jak ci poszedł dzisiejszy spektakl? Czy gdyby ktoś go obejrzał, byłbyś bohaterem pozytywnym? Czy grałeś pierwszoplanową rolę, czy tylko epizod? Może byłeś jedynie

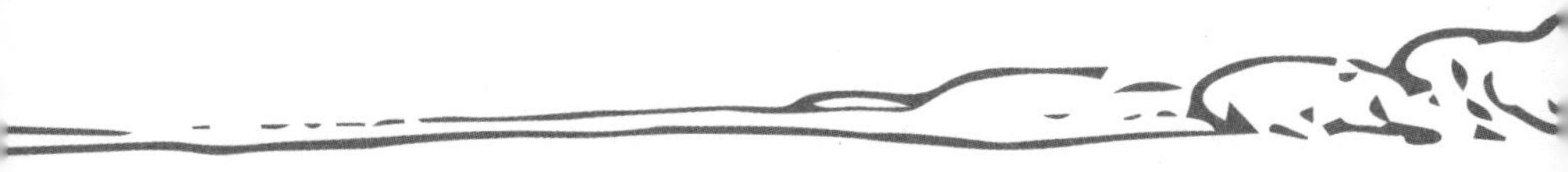

„ochroniarzem nieznajomego" albo jednym z przechodniów? Czy dałeś się sprowokować? Czy wdałeś się w bójkę? Na pięści, na słowa? A może znów zapomniałeś, że to wszystko aktorzy, którzy grają swoje role najlepiej, jak potrafią, a ty, głupi, reagujesz przesadnie emocjonalnie, jakby to wszystko działo się naprawdę? Trudno. Nie biczuj się. Jutro znów będziesz miał szansę poprowadzić swoją postać inaczej. Nie zrani cię nic, bo akceptujesz już, że nie masz wpływu na nikogo z obsady, ale masz ogromny wpływ na siebie. Kiedy jutro w jednej ze scen ktoś cię poniży, zamiast knuć odwet, natychmiast załapiesz, że nikt nie jest w stanie cię poniżyć. Opluwany – jesteś tym, kim jesteś – jesteś czysty, jesteś spokojny w poniżeniu, bo wiesz, że to prowokacja, iluzja, spektakl.

Nie masz wpływu na Słońce. Jeśli Słońce cię wkurwia – masz problem. Rozwiąż go w sobie, nie trać czasu na wykrzykiwanie w niebo, zmień reakcję.

Uważaj, żebyś nie była jak ta twoja
koleżanka, co tak się ucieszyła,
że schudła z Ewą Chodakowską,
że postanowiła zebrać
jak najwięcej lajków...
do koszyka swojej waginy.

Kompleks jest jak chip umieszczony głęboko pod skórą. Bezustannie emituje sygnał, dzięki któremu prawda i słabość dają się bezbłędnie wytropić.

Nareszcie schudłaś. Już nie jesteś obła i niewidzialna. Możesz stroić miny, palić papierosa jak dama z międzywojnia, malować usta na czerwono. Ale jesteś namierzalna.

Możesz założyć się z koleżanką, że uda ci się poderwać Huberta Urbańskiego, że nawiniesz mu makaron na uszy jako facebookowy awatar tak skutecznie, że podrzuci ciebie realną swoją równie realną furą na lotnisko. I możesz wygrać zakład. Ale jesteś namierzalna.

Możesz po koncertach wydreptywać ścieżki do wokalistek, po spektaklach – do aktorek, a potem wypinać się naga przed ich mężami, chłopakami, myśląc, że masz przewagę. Jesteś namierzalna. Możesz udawać zmęczoną ciągłą adoracją mężczyzn, kobiet, zwierząt, a nawet rzeczy nieożywionych, od których, masz wrażenie, wartkim strumieniem płyną niemoralne propozycje. Zrozum... Chip emituje sygnał. Pulsuje, miga w rytmie twojego tętna.

Zajmujesz mniej przestrzeni, masz znacznie mniejszą objętość. Twoja skóra wreszcie dotyka mięśni, już nie spoczywa na tłuszczowej wyściółce. Jesteś jakby zgrabna. Lepiej wychodzisz na zdjęciach, więc robisz ich sobie tysiące. Spożywasz mało kalorii, więc najadasz się kompulsywnie komplementami, które przecież tuczą tylko ego. Przed metamorfozą byłaś napięta, postrzegano cię jako naburmuszoną, myślisz, że teraz twoja aura nareszcie zmieniła kolor z szarego na inny, ładniejszy, może pomarańczowy. Nie. Twoja desperacja pogłębiła odcień szarego. Stałaś się odważniejsza, próbujesz być dowcipna w ten zarezerwowany dla mistrzów, bo łączący żart z elementami ironii, sposób, ale jesteś w tym słaba. Ludzie czytają cię po prostu jako złośliwą. Zrozum... Chip emituje sygnał.

Nie umiesz kochać, bo nie umie kochać ten, kto tak bardzo nie lubi siebie. Jesteś nienasyconą kolekcjonerką spojrzeń, lajków, podbojów, ale nie istnieje ich wystarczająco dużo, by wypełnić ten ciemny, zimny loch, który w sobie masz. Prawdziwa ty mieszka w nim na dnie. Trzyma w dłoniach migający chip. Podaj sobie rękę. Wyciągnij z lochu tę małą, głodną miłości istotę. Odbierz jej chip i rzuć nim daleko, w stronę oceanu. Patrz, jak robi na jego powierzchni kręgi, by opaść na dno. Jesteś wolna. Nieważne czy chuda.

Not
Jes

A JA ŻEM JEJ POWIEDZIAŁA, KAŚKA...

Manifestacje? Pikiety? Jeśli naprawianie burdelu na świecie wydaje ci się prostsze, niż zaprowadzenie porządku w głowie i zagrodzie, to współczuję.

Jestem zwolenniczką pracy u podstaw. Szanuję siebie w roli punktu. Wierzę, że cały świat zyska, jeśli jako punkt będę błyszczeć. Wiem, jak trudno jest spojrzeć w siebie. Jak trudno być dla siebie czułym opiekunem, który wspiera, dopinguje, ale też beszta, przywołuje do porządku. Stanąć oko w oko z własną rozpaczą, lękiem, niemocą, wstydem, gniewem, agresją – to boli.

O wiele łatwiej, moim zdaniem, wejść w tłum, zetknąć się własnym ortalionem z cudzą marynarką, zniknąć w tej masie tekstyliów. Obrać wspólny cel, krzyczeć hasła głosem silnym, tysiącem gardeł złożonych w jedno. Maszeruje się po wyrzut adrenaliny, który wytrąci na chwilę z codziennego stuporu. Dostajesz iluzję bliskości, złudne przeświadczenie o własnej sprawczości. Masz wrażenie, że po raz pierwszy od wielu tygodni dobrze wykorzystałeś czas, znalazłeś dla siebie zastosowanie. Przestałeś krępować sufit natrętnym spojrzeniem, siniaczyć swoim ciężarem tapicerkę kanapy. Podtapiać łzami roztocza zamieszkujące twoją poduszkę. Idziesz. Twój nowy fosforyzujący krokomierz robi, co do niego należy.

W domowej garderobie masz wydzielony specjalny sektor z modnymi w tym sezonie akcesoriami marszowymi. Kolumna poukładanych w kostkę lnianych sztandarów, własnoręcznie malowanych w najpopularniejsze hasła: „Macice wstały z kolan" „Wolne sądy". Srebrne lekkie wieszaki. Schludne black oversizy dedykowane czarnym protestom. Fikuśny T-shirt z motywem tęczy, wykrochmalone tęczowe bandany. Albo kangurka z orłem. Reglanowe bluzy z husarią, rotmistrzem Pileckim wpisanym w godło, symbolem Polski Walczącej. Bielizna termiczna w barwach narodowych. Zestaw gustownych kominiarek na zimę, chustki z trupią czaszką, świetnie sprawdzające się latem, pozwalające swobodnie oddychać, a jednocześnie ukryć twarz.

Najbardziej lubisz, kiedy orzeł spotyka się z tęczą, czaszka z wieszakiem. Kiedy polska flaga krzyżuje się z flagą polską. Wtedy twoja prawda może się przejrzeć w oczach herezji, nabrać masy, stać się dogmatem.

Kiedy po manifestacji pozostaną na ulicach już tylko końcówki rac, zamokłe, podeptane plakaty liderów – przez moment nie wiesz, co ze sobą począć. W tej ciszy nieśmiałym szeptem przebija się do twojej świadomości głos dzieciaka, którym mimo wieku jesteś. Dziecko trzyma w dłoni tobołek ze wspomnieniami, których nie chcesz przywoływać. Czujesz, jak wzrasta ci poziom kortyzolu, wiesz, że ucieczka jest konieczna, a pozostanie grozi śmiercią. Schodzisz czym prędzej w głąb internetu. O! Pszczoły w potrzebie! Koncentracyjne fermy kurczaków! Korea Północna grozi! Rosja odcina gaz! Dołączasz kolejne strony do obserwowanych, radzisz z innymi, obcymi, co by tu zrobić, jak zawalczyć. Zmieniasz zdjęcie profilowe. Umieszczasz tam obraźliwe hasło dla bywalców KFC albo faka dla Rosji. Sytuacja opanowana.

A jeśli istnieje coś więcej niż pięć zmysłów? A jeśli oferta płynąca z zewnątrz ma na celu wywleczenie nas z siebie na ulicę po to, by uniemożliwić zwycięstwo w jedynej słusznej wojnie o duszę?

Chcę być małym punktem. Chcę go polerować aż do błysku.

A JA ŻEM JEJ POWIEDZIAŁA, KAŚKA...

Wlej do wanny
wrzątku,
wsyp dwa kilo
żelatyny
i zastygnij
w powstałej
galarecie,
do czasu
osiągnięcia
wymarzonej
wagi.

Rzuć hasło „dieta", a zobaczysz mnie w upadłej odsłonie. Po ciele rozleje się słabość, która spacer po przekątnej mojego mieszkania zamieni w długą wędrówkę śmiertelnym szlakiem, choć odcinek ten liczy sobie kilkanaście drobnych kroków. Pod okiem zmęczenie położy się sinym cieniem. Poczuję, jakby w głowie ktoś mi mieszał kijem, przestawiając sufit z podłogą. Zacznę chwytać się ścian, przekonana, że oto nadchodzi omdlenie. Żołądek będzie wyć jak potępieniec. Jelita zastygną w robaczkowym bezruchu, zadumane nad bezsensem swojego istnienia. I to wszystko w chwili, gdy dieta zostanie ogłoszona. To są objawy startowe, które z każdym dniem będą się nasilać.

Pomyślę: „Pierdolę to". Potem wypowiem to samo na głos i udam się do kuchni.

Doświadczę silnych emocji. Tęsknoty. Za gryzieniem – jeśli dieta jest płynna. Za zwykłym chlebem – jeśli bezglutenowa. Za gotowaną marchwią – jeśli niskoglikemiczna. Przestrzeń w moim sercu, szczelnie wypełnionym przez miłość (do ludzi, zwierząt, wszechrzeczy), najedzie bestialski okupant – nienawiść – który lodowatym spojrzeniem, zaciśniętymi zębami, przekleństwem na ustach w krótkim czasie zrazi do mnie wszystkich utrzymujących jakiekolwiek relacje z jedzeniem.

Potem przyjdzie faza rozdzierającego smutku. Będę polegiwać bezproduktywnie na kanapie pod warstwą dwóch kołder, by ogrzać wychłodzone głodem ciało, powstrzymać dygot. Będę kontemplować rysy na pożółkłym suficie, by przejść do zanegowania sensu życia w ogóle. W końcu nadejdzie faza szlochu, wykrzykiwania w niebo: „Dlaczego?! Dlaczego to mnie musiała spotkać tusza?!". Potem spuchnięta od łez zapadnę w nerwowy sen, z którego wybudzi mnie ryk wnętrzności.

Spróbuję uciec w serial, ale prędko uświadomię sobie, że mam w głowie lektora, który czyta niewłaściwy tekst, gdyż Daenerys Targaryen z *Gry o tron* mówi do Jona Snowa: „Chleb z masłem, chrupiący, ciepły chleb. Albo pizza cztery sery", a ten odpowiada, przyklękając na jedno kolano: „Zjadłbym schabowego. Albo cokolwiek".

Wtedy nastąpi przełom. Pomyślę: „Pierdolę to". Potem wypowiem to samo na głos i udam się do kuchni. Na dłużej. Do następnego momentu, gdy znów pozazdroszczę komuś figury.

Jedyną skuteczną metodą jest dać się wprowadzić w śpiączkę farmakologiczną. Na rok. Dwa – jeśli chciałabym schudnąć na zapas. Galaretę najpewniej bym zjadła.

To, że Edyta Górniak odpowiedziała ci kiedyś „cześć", nie oznacza, że masz koleżankę w Los Angeles.

Moja kumpela pracowała z Jimem Carreyem. W myśl koncepcji sześciu stopni oddalenia mogę powiedzieć, że znam go i ja. Agata Kulesza na Oscarach poznała wielu aktorów. Dzięki temu, że znam Agatę, znam wielu aktorów z Hollywood. Mogę w dowolnej chwili napisać na Feju do Karoliny Korwin-Piotrowskiej, bo ją znam. Karolina zna osiemdziesiąt procent gwiazd w Polsce. To chyba oczywiste, że czuję, jakbym i ja je znała. Pupa Dody zna prezydenta Dudę, a ja znam Dodę, czyli mam dwa stopnie oddalenia od prezydenta. I trzy od prezesa Kaczyńskiego, i całego rządu PiS.

Koleżanka pobiera lekcje angielskiego u pani, która uczyła angielskiego Donalda Tuska. Dwa stopnie od Tuska. Trzy stopnie od Brukseli. Jeden stopień od Kim Kardashian, bo kolega robił jej zdjęcia. Dwa od Kanye Westa.

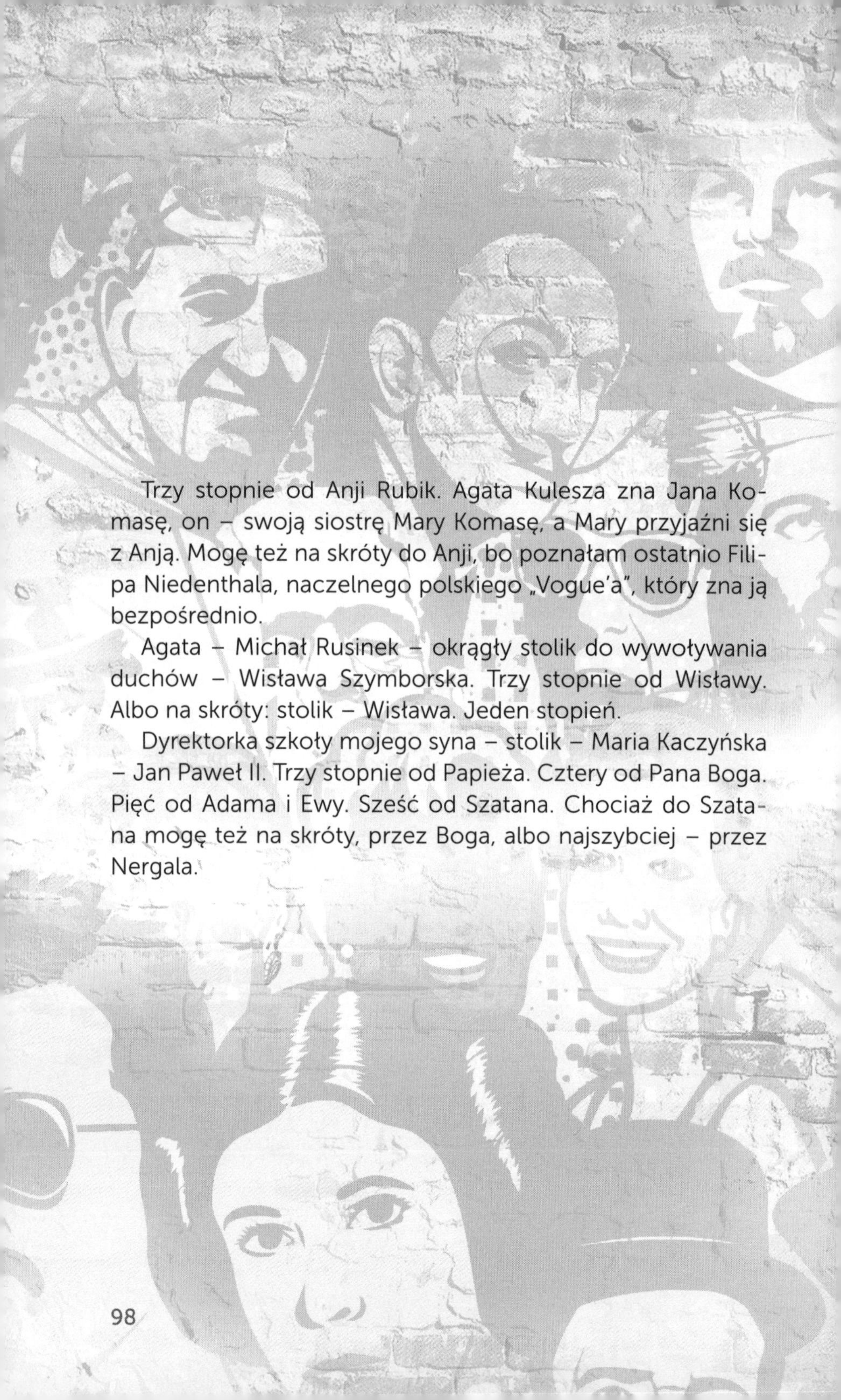

Trzy stopnie od Anji Rubik. Agata Kulesza zna Jana Komasę, on – swoją siostrę Mary Komasę, a Mary przyjaźni się z Anją. Mogę też na skróty do Anji, bo poznałam ostatnio Filipa Niedenthala, naczelnego polskiego „Vogue'a", który zna ją bezpośrednio.

Agata – Michał Rusinek – okrągły stolik do wywoływania duchów – Wisława Szymborska. Trzy stopnie od Wisławy. Albo na skróty: stolik – Wisława. Jeden stopień.

Dyrektorka szkoły mojego syna – stolik – Maria Kaczyńska – Jan Paweł II. Trzy stopnie od Papieża. Cztery od Pana Boga. Pięć od Adama i Ewy. Sześć od Szatana. Chociaż do Szatana mogę też na skróty, przez Boga, albo najszybciej – przez Nergala.

Robert Gawliński – stolik – syn ministra Szyszki – minister Szyszko – stolik – ścięte drzewa w Białowieży. Pięć stopni od martwych drzew. Ty, Czytelniku, od drzew masz sześć stopni, bo znasz mnie. Chcesz pozdrowić Edwarda Miszczaka, szychę z TVN-u? Masz dwa stopnie. Ja – Kinga Rusin. Albo, jeśli wolisz, ja – Magda Mołek.

Jeśli chodzi o Edytę Górniak, to mam (dzięki temu, że odpowiedziała mi „cześć") jeden stopień od Joanny Krupy i trzy od byłego męża Edyty – Dariusza K. Edyta – prawnik – strażnik więzienny – Dariusz K. Ty, Czytelniku, masz od niego cztery stopnie oddalenia.

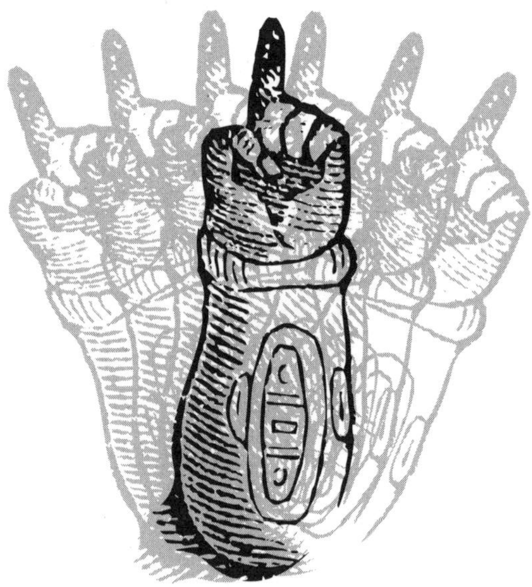

Kiedy jako dzieciak chciałaś najeść się śniegu, to chowałaś się za samochodem, żeby ojciec tego nie widział.
Z Bogiem Ojcem nie pójdzie ci tak łatwo…

Kłamałam od dziecka. Ze strachu, żeby przywołać spojrzenia. Ciągnęłam z motka fantazji kolorową nitkę, żeby do skrawka szarego lnu, jakim było życie, dorobić zdobną falbanę. Głównie jednak kłamałam ze strachu. Mój ojciec był szorstki, bardzo wymagający, żyłam w przekonaniu, że najpewniej mnie nie lubi. Poprzeczkę oczekiwań umocował na wysokości, do jakiej nie miałam szans doskoczyć. Kłamałam, żeby mnie polubił albo nie znielubił jeszcze bardziej.

Lubiłam śnieg. Jeść. Czekałam, aż przykryje asfalt naprawdę grubą warstwą. Znajdowałam dziewiczą biel, której nie zdążył zdeflorować butem żaden człowiek, i przystępowałam do uczty. Delikatnie zdejmowałam wierzchnią warstwę, często pokrytą drobinkami sadzy, by z czystego śniegu uformować zgrabną kulkę. Dzięki wybitnie wykształconej wyobraźni byłam w stanie nadawać kęsom smaki. Jakże pyszny był każdy jeden. Jadłam śnieżne jabłka, bułki. Bawiłam się w ciężkie czasy, a śnieżne kule odgrywały cebulę, kawałek słoniny i chlebową piętkę; odwijałam je z wyobrażonej bawełnianej szmatki, siedząc na śniegu, jakby był podłogą pociągu towarowego, którym jadę na Ziemie Odzyskane. Śnieg znieczulał mi usta, czynił język sztywny i obcy. Uwielbiałam ten brak czucia.

Któregoś dnia na pysznej zabawie przyłapał mnie ojciec. Zaserwował mi standardowe groźne spojrzenie w zestawie z długim, jak na człowieka, palcem wskazującym postawionym na baczność i powiedział: „Żeby mi to było ostatni raz". Dodał, że widzi mnie w każdej chwili, nawet kiedy jest daleko, bo ma specjalny telewizor, w którym mnie nadają.

Zaczęłam kłamać. Byłam przekonana, że jeśli widoczna na ekranie tatowego telewizora ukryję się ze śnieżnym majdanem na przykład za samochodem, widać będzie tylko samochód. W przedszkolu chowałam się za górką, a tata miał na ekranie bawiące się dzieciaki. Czułam, że udaje mi się przechytrzyć system obserwacji, ale zabawa nie była już tak przyjemna, bo okupiona potężnym stresem. Właściwie zestresowana byłam permanentnie do momentu, kiedy zrozumiałam, że nie ma żadnego telewizora, że nie jestem nadawana.

I tu pojawia się Bóg. Jest wszechwiedzący, co oznacza, że tam w niebie, w stołowym pokoju, ma telewizor, w którym nadają nas, ludzi. Jest wszechmogący, co oznacza, że anielskich kamerzystów wyposażył w taki sprzęt, którym kręcą w technologii 360 stopni, albo i lepszy. Nie jesteśmy w stanie objąć swoimi małymi umysłami rozmiarów kontroli, jakiej podlegamy. I co? I mimo to próbujemy. Dopuszczamy się karygodnych czynów przy zgaszonym świetle, w ciemnych zaułkach. Mówimy podłe rzeczy szeptem, by boskie omikrofonowanie poległo w starciu z naszą przebiegłością. Znajdujemy usprawiedliwienie dla podłości, mówiąc o dobrej wierze lub złu koniecznym. Albo zamykamy oczy, wierząc, że skoro my nie widzimy, to i nas nie widać.

Niewierzącym musi być łatwiej. Dla nich nie ma żadnego telewizora, nie ma stołowego i Boga w stołowym. Śnieg jest śniegiem.

Starość jest zakazana

Starość, jako nieatrakcyjny koniec życiowego cyklu, od jakiegoś czasu jest zakazana. Wkrótce z tych samych powodów wyeliminowane zostaną: jesień, zima i niedziela.

A może pomruk z nieba, który rozpoznajemy jako burzę, jest tak naprawdę momentem, kiedy Stwórca wybucha potężnym, niemożliwym do opanowania śmiechem, do którego doprowadzamy Go my, ludzie? Dla sceptycznych duchowo nie musi to być chichot Stwórcy. Może być beka Energii, rechot Pustki, rżenie Czarnej Dziury.

Jako ludzie możemy naprawdę sporo. Możemy się wspiąć na wyżyny kreatywności i dzięki technologii wyprodukować dla onanisty realistyczną sztuczną waginę z cyberekoskóry, w formie poręcznej, przypominającej latarkę tuby, z wnętrzem stylizowanym na wnętrze pochwy popularnej gwiazdy porno. Wszystko po to, by ręka onanisty mogła odpocząć. Możemy słać w stronę Księżyca rakiety, by fotografować Ziemię, która z takiej odległości wciąż wzrusza i wygląda łagodnie. Możemy krzyżować różne gatunki warzyw, owoców, warzyw z owocami, by sprawdzić, co też ciekawego z owych krzyżówek wyniknie. Możemy stworzyć różę bez kolców, słonia bez trąby, włochatego delfina, stopić lodowce, ogolić do zera Amazonkę, oduczyć małpy lubić banany.

Istnieje jednak rodzaj pychy, na jaki zdobyć się może tylko głupiec albo szaleniec. To gmeranie przy starości – rozpaczliwe próby przejęcia nad nią kontroli są prześmieszne. Boku nie wyrwiesz!

Możesz stać pod drzewem z transparentem bronią i grozić jesieni, że jeśli się zbliży do drzewa, to gorzko tego pożałuje. Jesień spojrzy z politowaniem i zrobi, co do niej należy. Odessie zieleń, dmuchnie chłodnym powietrzem w koronę drzewa i zostawi cię w kopcu martwych rudych liści, z którego będzie sterczał smutno transparent „Łapy precz!".

Jesień życia jest pięknie zaprojektowana przez naturę. Ciało się zmienia. Obserwujesz tę przemianę każdego dnia w lustrze. Ciało jest pojazdem, w którym przemieszczamy się po osi czasu. Pewnego dnia stanie. Chodzi o to, by wysiąść z niego bez żalu. Podziękować za wygodną przejażdżkę i pójść dalej o własnych siłach.

Komu chcemy się tak bardzo podobać, że odrzucamy własne odbicie w lustrze? Tej najbliższej na świecie istocie mówimy „nie". Stajemy w jednym rzędzie ze światem i piętnujemy własną twarz. Odmawiamy jej prawa do bycia sobą.

Z kim chce konkurować dojrzała kobieta? Czemu pięćdziesięciolatka tak bardzo pragnie wmieszać się w tłum dziewczynek, by udawać, że jest jedną z nich? Czy gdyby nagle ogłoszono, że za każdą zmarszczkę płacą wieloma banknotami, że faceci szaleją za plisowaną skórą – zaakceptowałybyśmy starość? Wyobraź sobie, że wszyscy znikają. Czy ostrzyknęłabyś sobie czoło? Mnie by się nie chciało. Po co? Dla kogo? Z tego wniosek, że głęboko wewnątrz mamy luz z przemijaniem. Problemem są ludzie. Problemem jest akceptacja.

Jeżeli odmładzasz się dla mężczyzny, pamiętaj, że rodzynek nie stanie się na powrót winogronem. Jeśli chłop woli winogrona, to wybierze świeże. Zawsze.

Jedz, co tam uważasz,
potem łykniesz tabletkę
na zgagę, wzdęcie, trawienie,
zakwaszenie, a na koniec
taką, żeby zapomnieć,
że żarłaś.

Pamiętam czasy, kiedy o jamie brzusznej nie myślałam wcale. Nie miałam wręcz świadomości jej istnienia. To znaczy na biologii coś o niej wspominali, ale moja własna nie przychodziła mi do głowy. Brzuch się opalało, czasem odkrywało, by porównać ze znajomymi kształt pępków, czasem wciągało w pozycji leżącej, by dopiąć dżinsy. Poza tym – echo.

Nie wiem, jak do tego doprowadziłam, ale obecnie brzuch jest gwiazdą. Na nim kładzie się akcent. Nie tylko dlatego, że wciąganie nie działa, a dżinsy w mojej szafie pamięta już tylko sędziwy sweter w renifery, który dożywa na ostatniej hospicyjnej półce, tej poniżej pawlacza.

Brzuch zaczął się komunikować. Kiszki w twórczym szale komponują nieustannie marsze godne Warszawskiej Jesieni.

Wrota Zwieracza Dolnego Przełyku otwarte na oścież sprawiają, że kwaśne fale, wyrzucane miarowo, podmywają tereny położone wyżej, a przy sztormie docierają nawet do południowych krańców Półwyspu Języczka Gardłowego,

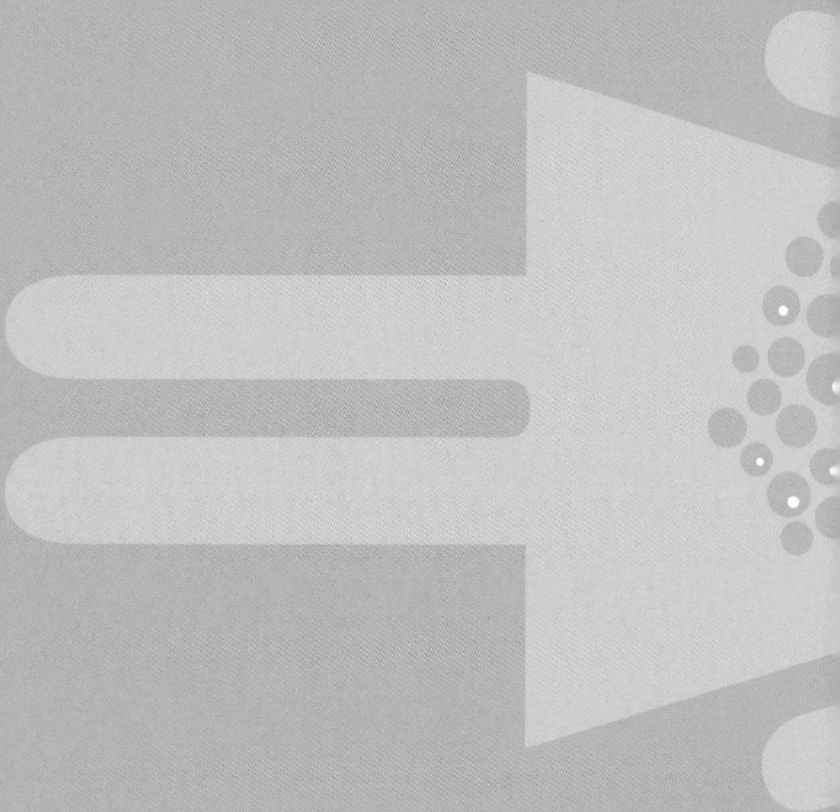

wpływając nader niekorzystnie na stan środowiska naturalnego tego dawniej pięknego krajobrazu.

Ogromne zanieczyszczenie powietrza na całym terytorium Masywu Wątrobby doprowadziło w ostatnich latach do serii zgonów wśród autochtonów. W graniczącym z Wątrobbą niewielkim Królestwie Yellow Wór doszło między mieszkańcami do walk na kamienie. Bardzo bezpieczny i popularny dawniej szlak turystyczny, wiodący przez Równinę Przełyku, największe z państw Środka – Żołądek (główny ośrodek tranzytowy) – aż do tropikalnego Odbytu, stał się szlakiem ucieczki coraz większej rzeszy podróżujących, którzy bez zastanowienia wybierają wielokulturową, choć chłodną, jeśli chodzi o klimat, Toalettę.

Elita sprawująca faktyczną władzę nad tym światem zamieszkuje wysoko rozwinięte Stany Zjednoczone Lewej Pół-

kuli, zajmujące blisko połowę kontynentu Głowy. Prezydent Stanów Zjednoczonych Lewej Półkuli Egon Świadomy ma za nic składającą się z kilkunastu państw Unię Narządów. Powodowany chęcią zysku i imperialistycznymi zapędami z premedytacją działa na szkodę pozostałych państw. Odrobinę respektu dla charyzmatycznej Intu Icji ma jedynie premier rządu Prawej Półkuli (jeśli chodzi o powierzchnię, równej Stanom Zjednoczonym Lewej Półkuli). Ta niestety rzadko udziela się na ogólnocielesnej arenie politycznej. Jeżeli Intu Icja nie podejmie odpowiednich kroków, mających na celu wyeliminowanie uzurpatora, organizmowi grozi zagłada.

Tymczasem przybysze z odległych galaktyk, w wykonanych z *massa tabulettae* obiektach, lądują co rusz na planetach naszych organizmów. Myślimy o nich ciepło jak o E.T., a oni dokonują podboju.

Zawsze możesz tłuszcz z drugiej
brody pchnąć operacyjnie niżej,
do zadka, kupić białe kanapy,
kazać ojcu zmienić płeć
i żyć jak Kardashianki.

Śledzę losy tej rodziny. Zastąpiła mi Foresterów z *Mody na sukces*. Oglądam w każdą niedzielę premierowe odcinki. W celu utrwalenia i dla pogłębienia relaksu nagrywam je, by odtwarzać w dowolnym momencie. Chciałabym tak żyć.

Wstaję, gdy koguty zachrypną. W półśnie idę do toalety, siadam na muszli swoją gigantyczną pupą, podpieraną z obu stron stołkami, i uwalniam kilkanaście kropel uryny, którą chwilę fotografuję, by szybko ofiltrować i wrzucić na Instagram. Potem robię kilka fotek odbicia w lustrze i kręcę relację na żywo z ochlapywania twarzy wodą.

Idę do gabinetu na make-up i włosy. Mam do tego ludzi, którzy stacjonują w przyczepie kempingowej pod moim domem. Są profesjonalistami i nie mają własnego życia. Kręcę filmik z malowania i opowiadam, co kręcę.

Dzwoni moja matka. Rozmawiam z nią (na głośnomówiącym) o zadaniach na ten dzień, trzymając aparat daleko od głowy, by podczas rozmowy móc patrzeć na tapetę ze swoim nagim zdjęciem. Podbiega do mnie córeczka. Robię jej zdjęcie – jest taka śliczna. Potem drugie, gdy daje mi buziaka. Potem trzecie, bo na tym drugim nie wyszłam dobrze. Niania zabiera ją do bawialni.

W garderobie kompletuję zestaw na najbliższą godzinę. Wybieram czarną bluzę projektu mojego męża rapera. Albo koszykarza. Nie, rapera. Do tego złoty top Balenciagi i wysokie do pachwin sznurowane buty z neoprenu. Robię fotkę, wysyłam do męża, z prośbą o akceptację stylizacji, który wyznaje sobie miłość w sypialni. Zmieniam top na srebrny.

Schodzę do kuchni. Witam się z kamerzystami. Jem oficjalnie dużą miskę sałaty z kurczakiem, a pod stołem kilka muffinów. Lajkuję lajki fanów. Wchodzę na profile sióstr, lajkuję zdjęcia, na których jestem. Idę się przebrać. Zbijam piątkę z mężem, który drugą piątką masturbuje się w rytm swojej piosenki. Chwilkę odpoczywam, robiąc sobie zdjęcia piersi i głowy na poduszce. Wstawiam na Instagram. Wkładam sportowy stanik, legginsy i sportowe buty projektu mojego męża rapera. Rapera? Rapera. Robię kilka fotek z hantlami. Biorę kąpiel i podczas relacji na żywo polecam fanom żel pod prysznic, którego używam.

Idę do gabinetu na make-up i włożenie peruki. Dobieram stylizację na najbliższe dwie godziny. Jadę do siostry. Siedzimy na białej kanapie. Robimy śmieszne filmiki i trochę rozmawiamy poważnie – o sukience, w której nasz ojczym odbierał nagrodę. Jemy sałatę oficjalnie, a ja zjadam dodatkowo pod stołem średnią pizzę.

Dzwoni matka. Patrzę podczas rozmowy na tapetę ze swoim zdjęciem w basenie. Dzwoni mój mąż raper; pyta, gdzie leży jego płyta, bo poprzedni egzemplarz zabrudził. Wyznaje mi też, że jest najlepszym raperem na świecie, a nawet Jezusem. Rozłączam się, bo znów zaczyna się masturbować.

Wstawiam na Instagram naszą wspólną fotkę z pokazu mody. Tęsknię chwilę za córką – jest taka śliczna. Jadę do drugiej siostry pomóc jej wyrzucić starą białą kanapę, by zrobić miejsce na nową, znacznie bielszą. Robimy sobie fotki i chwilę układamy w słojach ciastka.

Wracam do domu. Nagrywam relację z powitania z córką – jest taka śliczna. Niania zabiera ją do bawialni.

Na dziś koniec pracy. Kładę się na białej kanapie i przeglądam do wieczora swój Instagram. Zostaję na noc na białej kanapie, bo mąż bardzo hałasuje w sypialni, masturbując się wymyślaniem cen ubrań ze swojej najnowszej kolekcji.

Chciałabym takiego życia dla wszystkich.

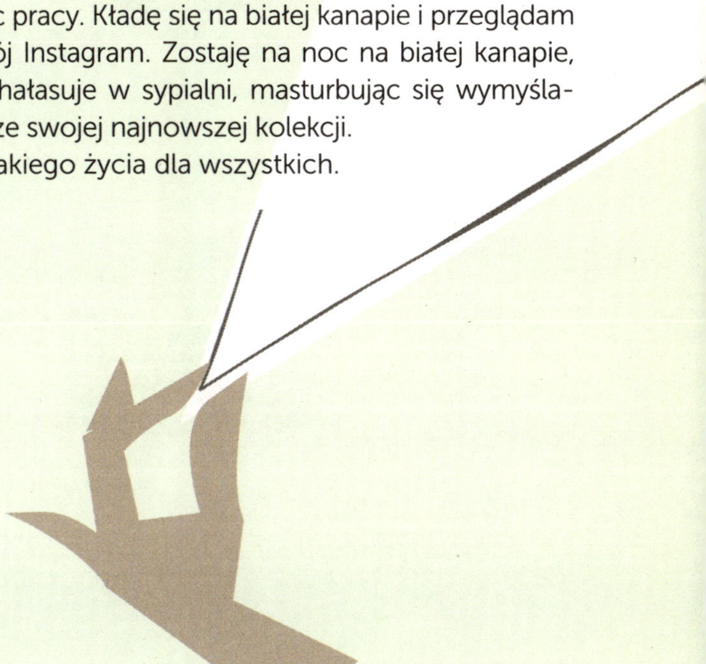

A JA ŻEM JEJ POWIEDZIAŁA, KAŚKA...

Jeżeli mówisz
do chłopaka: „Piłeś”,
a on na to: „Nie”,
a potem się okazuje,
że barek jest nawet
za kaloryferem
– to w nogi!

W filmie *Rok diabła* Petra Zelenki znajduje się najdoskonalszy opis choroby alkoholowej, na jaki się w życiu natknęłam. Z piciem jest jak z wchodzeniem pod górę. Kiedy idziesz w stronę szczytu, pije się towarzysko, sympatycznie, masz wrażenie czerpania wielu korzyści ze spożywania alkoholu. Potem przychodzi moment, gdy osiągasz rzeczony szczyt, przechodzisz na drugą stronę i zaczyna się schodzenie. Straty zaczynają zastępować korzyści – mówimy o chorobie.

Problem polega na tym, że wspinając się, patrzymy pod nogi i nie wiemy, jak wysoko jest wierzchołek. Niektórzy umrą, zanim do niego dotrą, bo dostali w rozdaniu K2. Inni wylosowali Górę Sobótkę. Jeszcze inni osiedlową górkę usypaną z kilku wywrotek ziemi, żeby dzieciaki miały gdzie zimą pozjeżdżać na sankach.

Alkohol zamienia człowieka, który osiągnął szczyt, w nadziewany pustką wór. Jeśli jesteś mężem, żoną chorego, widzisz, jak te oczy, które znasz, które kiedyś patrzyły miłośnie, powoli przesłania mgła. Zaczynasz liczyć mu łyki. Perfekcyjnie jesteś w stanie przewidzieć łyk, który zaprosi do stołu wstyd. Twój wstyd. Czekasz, aż zostaniecie sami, próbujesz rozmawiać, krzyczeć. W końcu wiesz, że to nie ma sensu. Wyczekujesz coraz rzadszych momentów trzeźwości, by wtedy wymóc obietnicę, że nie będzie się doprowadzał do takiego stanu. Na początku obiecuje. Kupuje na imprezę trzy piwa. Cieszysz się. Radość mija, gdy widzisz, że doprawia się w kuchni wódką. Znów się wstydzisz. Bełkocze. Powtarza te same zdania.

Zawsze był nieśmiały, a teraz pcha się z łapami do twoich koleżanek. Nie chcesz się z nim kochać, gdy jest pijany. Wkrótce nie kochacie się wcale. Wstyd zamienia się w lęk. Stajesz się wrogiem, bo przeszkadzasz w piciu. Jest agresywny. W słowach, potem w uczynkach. Brzęczą butelki. Brzęczy niewidzialny łańcuch, którym jesteś przykuta do budy, jaką stał się wasz dom. Jesteś potwornie samotna. Nie tylko przy budzie. W świecie również. Zaczynasz gasnąć.

Alkoholizm jest śmiertelną chorobą. Wielu zabierze. Wielu rozpocznie leczenie po symbolicznym roztrzaskaniu pijanej głowy o dno. Choć to bardzo trudne, możesz wziąć na siebie ciężar zorganizowania dna. Możesz zacisnąć zęby i zakazać sobie doszukiwania się w jego rozbełtanym spojrzeniu tego, jakie pamiętasz z czasów, gdy był jeszcze sobą. Odejdź. Zabierz mu przynależność do ciebie, do dzieci, jeśli je macie. Może w ten sposób go uratujesz.

Jeśli się nie uda, możesz uratować siebie. I dzieci, jeśli je macie.

Zdecydowanie dasz radę ukryć przekwitanie. Musisz po prostu być bardziej ostentacyjna w wykonywaniu pewnych czynności.

Artykuły higieniczne zawsze stawiasz na widoku, mimo że nie są ci już potrzebne. Raz w miesiącu każesz mu skoczyć pilnie do apteki po przeciwbóla, który po zażyciu dyskretnie wypluwasz. No i bez przerwy powtarzasz, że babka urodziła twoją matkę, mając siedemdziesiąt lat, więc mieścisz się, absolutnie, w rodzinnej normie.

Spotkały się kiedyś dwie bliskie sobie kobiety. Jedna, po pięćdziesiątce, wyznała, że od jakiegoś czasu bez przyczyny zalewa ją fala piekielnego gorąca. Bez ostrzeżenia. Nawet w klimatyzowanym pomieszczeniu. I w ogóle, że czuje się nieswojo i że pewnie to jakiś wirus czy inna grypa albo pożar oskrzeli. Druga, młodsza, odpowiedziała, że to najpewniej przekwitanie. Starsza spojrzała wzrokiem prawie nienawistnym. Nie odpowiedziała nic.

Odczekała trzy dni, zatelefonowała do młodszej i po wstępnym: „Co tam? Jak tam?”, wypaliła: „Booożeee, jak ja się denerwowałam ostatnio. Myślałam, że jestem w ciąży... Na szczęście dziś dostałam okres. Może wpadniesz na kawę?". Młodsza wpadła i korzystając z łazienki dla gości, zobaczyła ostentacyjnie polegującą na półce paczkę podpasek. W ogóle całe mieszkanie zostało podstylizowane – wyglądało zupełnie, jakby zamieszkiwała je osoba młoda, której przekwitanie nie majaczy nawet na horyzoncie. „Glamour" na stoliku kawowym. „Cosmopolitan" na kuchennym blacie.

Wiadomo, że gdy się przekwita, znacznie siada libido. Starsza rozpoczęła więc niekończącą się opowieść o tym, jak to z mężem codziennie robią szaleńczą rundę po mieszkaniu, parząc się na wszystkich meblach, on na niej, ona na nim, na łyżeczki, na pieski i w końcu oralnie. I to właśnie mąż wsypał ją któregoś dnia, gdy podczas opowieści kumpla o tym, że świetnie mu się układa z dziewczyną, bo bywa, że i dwa razy w tygodniu uprawiają seks, odparł: „Pozazdrościć".

Starsza ma dorosłą córkę. Może się zdarzyć, że wkrótce zostanie babcią... Pewnie każe wnukom mówić do siebie po imieniu. Albo ciociu.

Taka postawa musi czynić z codzienności istne piekło. Jakże wielkim stresem musi być okupione pozostawanie w roli.

Kobiety w mojej rodzinie błogosławią menopauzę. Nie twierdzą, że jest łatwo w najprzykrzejszej jej fazie. Wystarczy jednak z godnością przetrwać pochlipywanie bez powodu, bezsenne noce, napady szału, uderzenia gorąca, pożegnać ostatnią komórkę jajową i... – z radością zacząć nowe świetne życie. Bez podpasek, liczenia dni cyklu, PMS-ów.

Kto powiedział, że wraz z ostatnim okresem cały system musi pokryć się pajęczyną, a zdolność ciała do odczuwania przyjemności opuszcza nas i pierwsza idzie do grobu, by wygrzać miejsce całej reszcie?

Jeżeli nie wiesz,
czy on cię nadal kocha,
to nie możesz spytać:
– *Kochasz mnie?*,
bo oczywiste jest, że odpowie:
– *Kocham*.
Gdyby powiedział:
– *Yyy, nie kocham*,
to ty od razu byś na to zareagowała:
– *No weeeź*,
a wtedy on odpowiedziałby:
– *No, kocham*.
A to przecież i tak
o niczym
nie świadczy.

Znam kobietę, która przez trzydzieści siedem lat zadawała mężowi to pytanie. Codziennie. On codziennie odpowiadał: „Tak". Lubił hasać po internecie. Wyhasał panią, która również hasała. Po kilku tygodniach wklepał w klawiaturę płynące wprost z serca do palców: „Kocham Cię". Arialową czcionką. Pani odklepała Helveticą, że również.

Znajoma kobieta czuła, że mąż bywa myślami gdzie indziej. Ciałem coraz częściej też. Kiedy pojawiał się w domu, nadal pytała: „Czy ty mnie jeszcze kochasz?". On poirytowany odpowiadał, że tak. Kobieta chwytała jego „tak" w dłonie i tuląc do policzka, zasypiała. Miesiąc później otrzymała papiery rozwodowe. Ich życie, przypominające od jakiegoś czasu grę Jenga (w której ze stabilnej konstrukcji gracze usuwają kolejne drewienka aż do ażurowego szkieletu, który musi runąć), runęło.

Na sprawie rozwodowej mąż (niepytany) wydukał: „Żonę przestałem kochać pięć lat po ślubie". Jakże wstrząsnęło to kobietą. Przecież codziennie mówił, że kocha. Trzydzieści siedem lat mówił, że kocha. Wyraźnie pamięta. Wyraźnie słyszała.

Minęło kilka lat. Kobieta do dziś rzuca w przestrzeń: „Przecież mówił, przecież mówił każdego dnia...". Czasem reagują: „Mamo, odpowiadał...".

Byłam w związku z partnerem, który mówił mi o miłości niepytany bardzo często. Ja z kolei, odurzona zielonym likierem zazdrości, głównie pytałam: „Masz kogoś?", a on odpowiadał: „Nie". Codziennie odpowiadał. Pytając, pragnęłam tylko tej jednej odpowiedzi. Chwytałam ją w ramiona i zasypiałam prawie spokojnym snem. Aż zdobyłam sprawność zdradzonej. Rzucałam w powietrze: „Mówił, że nikogo nie ma, codziennie mówił...".

Teraz powtarzam sobie: „Nie pytaj, dopuszczając tylko jedną pożądaną odpowiedź. Nie pytaj wcale. Miłość to decyzja. Jeśli ją podejmujesz, to mów, że kochasz. Dawaj. Nie oczekuj zwrotu kosztów. Miej odwagę powiedzieć, że już nie ma miłości. Odejdź, zanim zdradzisz. I nie licz, że drugą stronę stać będzie na podobną uczciwość. Żyj. A gdy dostaniesz bęcki, przeżyjesz. Przyszyjesz do rękawa kolejną sprawność".

To są himalaje dojrzałości. Droga jest ciężka, oddycha się z trudem, ale wetknę moje chorągiewki w czubek każdego z ośmiotysięczników.

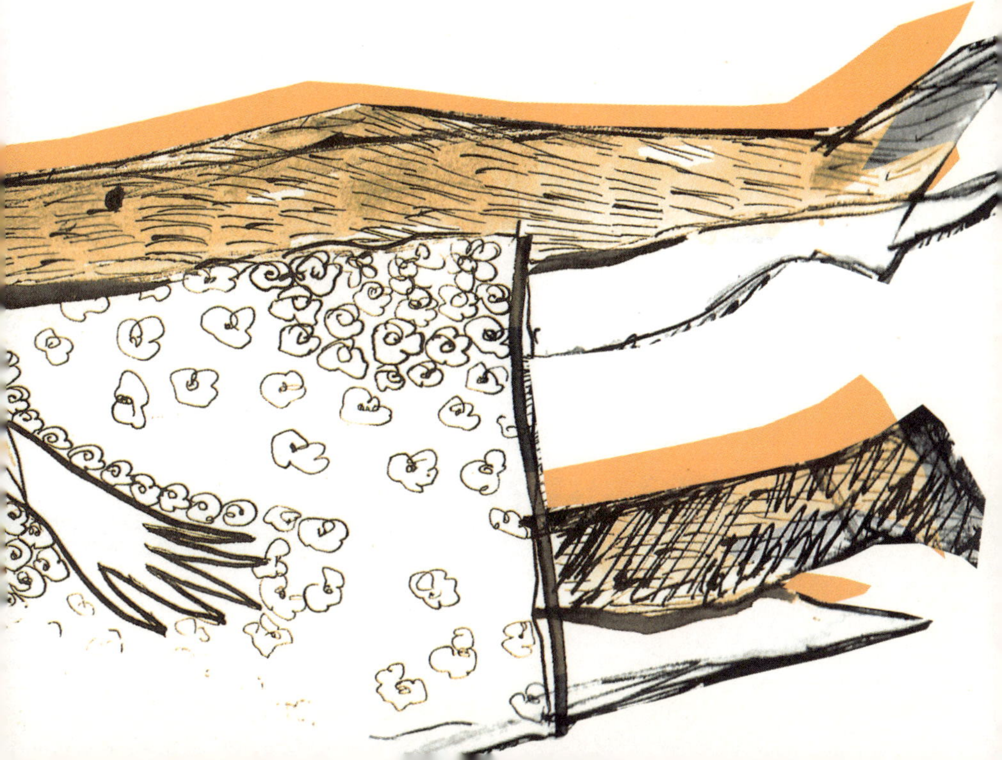

Nie lękaj się ślubu. Po prostu obiecujecie sobie, że będziecie ze sobą na dobre i na dobre, i że nie opuścicie się aż do pierwszych problemów. A dzieciaki mają być twarde.

Do obowiązków idealnego partnera należy posprzątanie bałaganu w tobołku, z którym przemierzamy życie. Powinien podnieść z podłogi naszą samoocenę i zawiesić ją na kołku wieszaka umieszczonego pod sufitem. Powinien miłosną fugą połączyć drobne elementy naszej zdezintegrowanej osobowości w przepiękną mozaikę. Musi być delikatnym, czułym i wybitnie sprawnym chirurgiem, który zszyje ranę szarpaną w naszym sercu, pozostawiając prawie niewidoczną bliznę. Dobrze, żeby kończył zdanie, które my zaczynamy. Odgadywał po jednej nutce nasz nastrój. Nie był, broń Boże, jak nasz ojciec czy matka. Był jak najczulszy ojciec i najlepsza matka. Musi być ślepy na przyrost wagi. Ma być męski, ale umieć doradzić w kwestiach związanych z modą. Ma pamiętać o kwiatach z okazji i kwiatach spontanicznych. I znać datę ostatniego okresu. Ma być delikatny w łóżku, ale mówić sprośności i dawać klapsa. Odróżniać seledyn od limonki. Podejmować ważne decyzje.

Nie blokować nas w podejmowaniu ważnych decyzji. Być w szampańskim humorze bez picia szampana. Solidarnie nie lubić koleżanki, z którą jesteśmy w konflikcie, i przystąpić do ponownego lubienia natychmiast, gdy konflikt przeminie. Być złym policjantem. Być dobrym policjantem. Mieć umysł ścisły i artystyczną duszę. Ma zwrócić honor naszemu wewnętrznemu dziecku. Wyhamować w ramionach jego spazmy. Powiedzieć, że odtąd wszystko będzie już dobrze. Sprawić, żeby wszystko było już dobrze.

Takiego partnera wyglądamy w tłumie. Nerwowym, umęczonym czekaniem spojrzeniem. Nie znajdujemy. Zapraszamy więc do życia tego, który podczas pierwszej wymiany zdań względnie dobrze rokuje. Wchodzimy w rolę demiurga, demiurżycy. Jest bezkształtem. Modelujemy go. Jest tylko wstępem. Potrzebuje rozwinięcia i zakończenia. Cały proces przebiega w zaciszu naszego umysłu. Wspomaga nas miłosny speed. I oto jest! Mamy go.

Każdy kolejny dzień uświadamia nam jednak, że nasze dzieło nie wywiązuje się z obowiązków, których listę przedstawiłam. Nadal uginamy się pod ciężarem własnego rozczarowania, potykamy o samoocenę, wewnętrzny dzieciak zanosi się płaczem i wierzga. Nasz partner kocha nas nie tak, za mało. Za mało, by sprawić, abyśmy stali się godni miłości do siebie. Dyskwalifikacja. Znów idziemy w tłum.

Jeśli po drodze, ze spotkania dwóch szalenie enigmatycznych tworów, jakimi są jajeczko i plemnik, pojawi się na świecie dziecko, to przyjdzie mu najpewniej kroczyć przez życie po rodzicielskich śladach. Będzie częścią tłumu, z którego je ktoś wyłowi, by modelować. Będzie szukać nerwowo w tłumie kogoś, kogo wymodeluje, kto zrobi porządek w jego tobołku.

Być razem nie oznacza aktywnie asystować w sprzątaniu bałaganu partnera. Oznacza czekać cierpliwie i kibicować, zajmując się jednocześnie własnym bałaganem. Wierzyć głęboko, że przyjdzie taki czas, kiedy wspólnie odpoczniemy po wysiłku, jaki każde z nas włożyło w sprzątanie samego siebie.

Bardzo źle wyhodowałaś syna. Od małego powinien w marynarskich portkach bujać się po okładkach. Dziecko gwiazdy jest własnością tłumu, jak gwiazda…

Dzieci osób powszechnie znanych jako znane mają naprawdę pod górkę. Znani bardzo często cierpią na patologiczny rozrost ego, co sprawia, że dzieciom trudno jest się przebić do ich świadomości. Wyobraź sobie, że jesteś takim dzieckiem.

Matka przesiaduje w telewizorze. Widujesz ją w komputerze. W komputerze możesz się też natknąć na zdjęcie siebie umazanego kupką, które matka w przypływie zaburzonej otwartości umieściła na swoim profilu. Znani często dają się omamić szefom pism, którzy obiecują podtrzymanie ognia popularności, jeśli znani wskoczą na okładkę w towarzystwie rodziny. Dzieciak się cholernie dobrze sprzedaje. Występujesz więc na zimowej okładce w góralskim sweterku, a na letniej – w marynarskim wdzianku.

Znani często nie wytrzymują zbyt długo w miłości. Płaczesz, gdy rodzice się rozwodzą, ale spostrzegasz też, że ten trudny moment w historii rodziny śledzą wraz z tobą obcy. Słyszysz, jak matka żali się w mediach na ojca albo ojciec na matkę. Mijasz kiosk, a z niego (nie) spogląda na ciebie – zasłoniętymi czarnym paskiem oczami – twoje oblicze.

Dorastasz. Jesteś rozczarowany brakiem bliskości i wspólnie spędzanego czasu. Ludzie wiedzą, czyim jesteś synem, więc nadskakują ci albo cię gnoją, jeśli z sobie znanych powodów nie przepadają za twoją matką czy twoim ojcem. Jesteś zły. Zła. Przestajesz się uczyć. Masz przerąbane, bo twoje kiepskie wyniki w nauce nie mieszczą się w opowieści matki o idealnym życiu, jakie prowadzi. W domu są pieniądze. Matka chętnie kupi od ciebie święty spokój. Jesteś prawie dorosła. Boisz się myśleć o przyszłości. Jak to zrobić, żeby mieć pieniądze, ale nie zapierdalać w fabryce jak zwykli ludzie? Mieć jak twoi rodzice. I jak oni się bawić.

Czasem odkrywasz w sobie talent w tej samej dziedzinie, w jakiej ma go rodzic. Geny mówią. Czujesz radość, bo oto znalazłeś coś, co zapełnia pustkę. Prezentujesz dzieło światu, który dzieli się na pół w opiniach. Najbardziej bolą cię te, które sugerują, że matka ci pomogła, załatwiła, wychodziła. Że po znajomości, na krzywy ryj… Nie możesz budować własnego imperium, bo zawsze pojawi się ktoś, kto powie o tobie „córka Znanej", „syn Znanego". Jest ci ciężko. Chodzisz struty. Matka, która sama jest na lekach, bo nie dostała Telekamery, proponuje ci radość w pastylce. Idziesz w to. Zaczynasz popijać albo ciągnąć nosem białe, żeby dodatkowo poprawić nastrój. Nie potrafisz nawiązywać bliskiej relacji z nikim ze „świeckich". Nie potrafisz zaufać, że ktoś może pokochać ciebie dla ciebie samego.

Matka wybudza się któregoś dnia ze snu gwiazdy. Chce nadrobić czas. Masz w sobie tyle nieokreślonego żalu, że nie odpowiadasz na jej potrzebę. Może idziesz na terapię. Może.

Dzieciaki powszechnie nieznanych też cierpią, ale w ich cierpieniu biorą udział tylko ściśle zaangażowani. Grają mecz na stadionie wyczyszczonym z kibiców.

W swoim, jakże współcześnie popularnym, zaangażowaniu w wielki świat spróbujmy odpuścić dzieciom. Dajmy im przeżyć życie w spokoju.

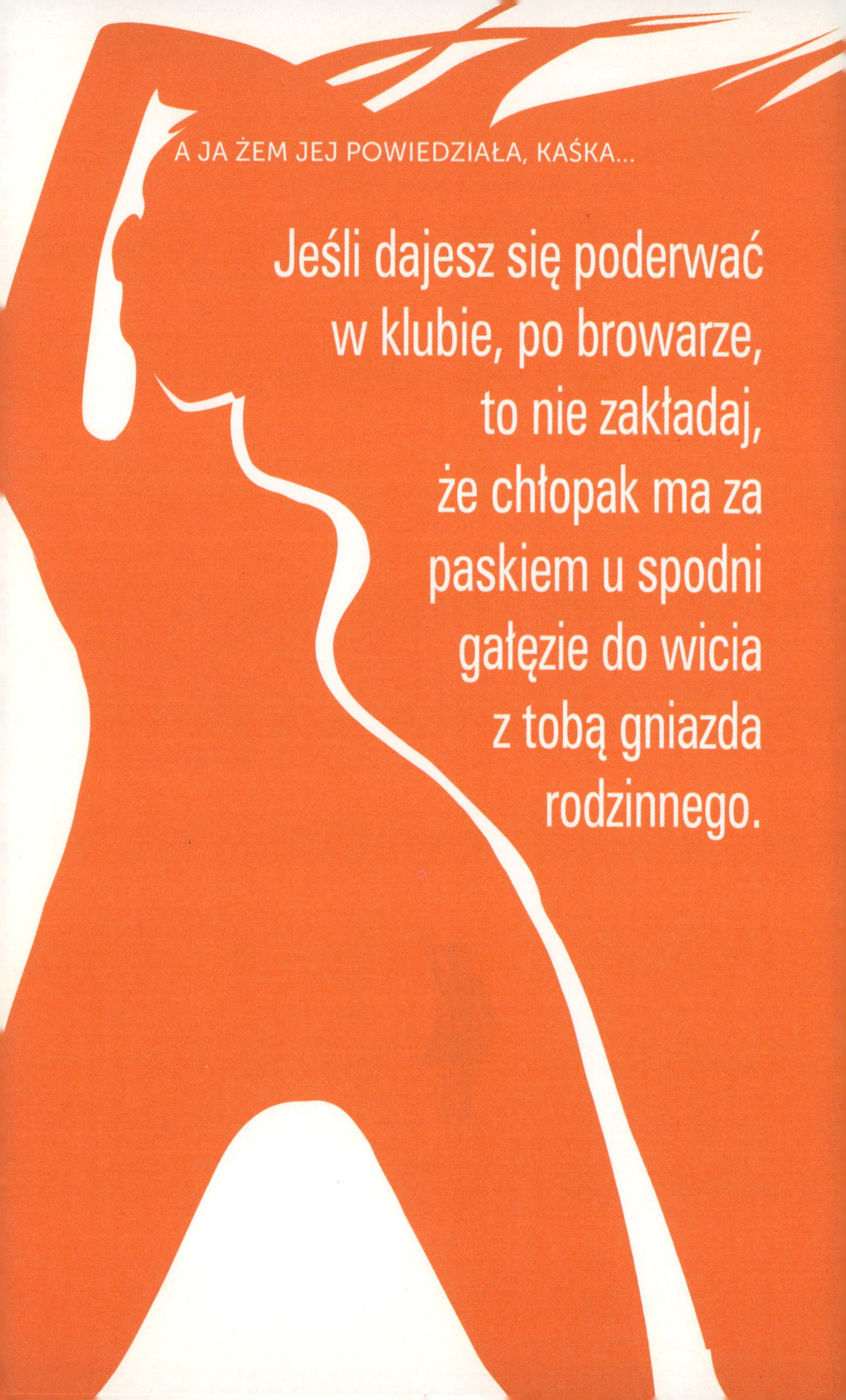

A JA ŻEM JEJ POWIEDZIAŁA, KAŚKA...

Jeśli dajesz się poderwać w klubie, po browarze, to nie zakładaj, że chłopak ma za paskiem u spodni gałęzie do wicia z tobą gniazda rodzinnego.

Widziałam w telewizji program, w którym dziewczyna, niezwykle skąpo ubrana, z twarzą zatopioną pod słuszną warstwą makijażu, tańczy pole dance bez pole. Scenerię dla silnie erotycznych wygibasów stanowi klub tudzież dyskoteka. Dziewczyna wypina zadek, ociera się nim o krocze osiłka, skrobie tipsami jego wydatny tors. Mruży powieki, otwiera szeroko usta, kręci młynka językiem, by przygryźć na koniec dolną wargę. I tak seriami. Osiłek wygląda na zadowolonego. Pręży się, tupie mokasynem, przyciąga ją stanowczo, próbuje skraść pocałunek. Zęby obojga pobłyskują w ultrafiolecie.

Dowiaduję się wkrótce, że dziewczyna wpadła do klubu, jak co tydzień, by poznać kogoś fajnego, na życie najchętniej. Jeszcze w tym samym odcinku okazuje się, że z osiłkiem sobie życia nie ułoży, że chodziło mu tylko o łóżko.

Widziałam w pracy dziewczyny, które wparowują po koncercie do garderoby, niosąc na włosach resztki dymu z dymiarki, jeszcze ciepłe od świateł, i od razu rozsiadają się na dłużej. Zerkają zalotnie w kierunku chłopaków, wybierają. Chętnie sięgają po alkohol, palą papierosy, by wyglądać fascynująco. Chłopcy twierdzą, że teraz dziewczyny mają taki styl, że po prostu chcą się zabawić bez zobowiązań. Nowa moda jest chłopakom na rękę. Fajnie jest przecież z dala od domu odreagować stres po pracy, spuścić napięcie...

Myślę, że te dziewczyny skrycie marzą o kontynuacji wieczoru. Wierzą, że – jak w zajebistej komedii romantycznej – z niezobowiązującej zabawy narodzi się miłość, która finał znajdzie na ślubnym kobiercu. Przeczuwają, że taki muzyk może mieć jakąś kobietę, może nawet dzieci, ale wierzą, że posiadają tę szczególną moc stworzenia mu domu, o jakim nie śmiał nawet śnić. Lądują zatem w pokoju hotelowym, wyskakują z odzieży i albo idą na całość, albo się opierają.

Jeśli na całość, to wszystko przebiega sprawnie do chwili, kiedy artysta wygeneruje na zewnątrz białkowy kleks jeszcze ciepłego stresu. Potem robi się niezręcznie. Dziewczyna pragnie pogadać, może się poprzytulać, zrobić wstępną listę gości weselnych. Muzyk zaś chce spać, najchętniej sam, bo wie, że kiedy alkohol wyparuje, będzie się czuł naprawdę źle, widząc obok nagusieńki dowód rzeczowy swojego upadku. Obiecuje więc zadzwonić jutro. Najdalej w tygodniu. Swojego numeru najczęściej nie podaje.

Jeśli dziewczyna się opiera, muzyk nalega przez jakiś czas, a potem wkurzony wyprasza ją z pokoju. Ometkowuje jako wariatkę i pamięta, by – jeśli w przyszłości się pojawi – omijać ją szerokim łukiem.

W obu przypadkach dziewczyna zostaje ograbiona z godności, a właściwie własnoręcznie ciska swoją godność na hotelową wykładzinę.

Może zasilam już grono zgredów, ale nie chcę zaakceptować nowej mody, jeśli rzeczywiście istnieje. Szanse na spotkanie męża w klubowych okolicznościach pewnie istnieją, ale są statystycznie niewielkie. Jeśli zaś dziewczyna chce po prostu seksu, to powinna walczyć o orgazm, o który na ostrej bani jest trudno, bo alkohol jest dla orgazmu jak Jaga Hupało dla grzywki – obcina na krótko.

Nie ma żadnego sensu wpuszczanie do ciepłego wnętrza zupełnie obcego, często pijanego kolesia i wmawianie sobie, że wystarcza nam radość dawania.

A JA ŻEM JEJ POWIEDZIAŁA, KAŚKA...

Ciche dni – to brzmi niewinnie. Podlicz wszystkie, a okaże się, że na dziesięć lat wspólnego życia przemilczeliście trzy…

Konflikty są napędzane energią stron. Vadim Zeland w swojej serii *Transerfing rzeczywistości* przedstawia zasadę wahadeł. Wyobraź sobie, że ktoś pcha w twoją stronę potężne wahadło. Jeśli je odepchniesz, co wydaje się odruchem bezwarunkowym, sprawisz, że wychyli się jeszcze bardziej. Gdybyś nie zainwestował energii w ruch, po jakimś czasie wahadło by stanęło. Jeżeli ktoś mówi: „Ty debilu", a ty spróbujesz nie reagować, zachowując milczenie lub odchodząc – konflikt nie zaistnieje. Odpowiadając, wprawiasz wahadło w ruch. Konsekwencje mogą być nieciekawe.

Pamiętam czas, kiedy nasze mieszkanie, ten nanowycinek Polski, było istnym polem bitewnym. Kłóciliśmy się o naprawdę nieistotne sprawy. Wymiana zdań była żarliwa, wprawiała w niebezpieczne drżenie porcelanę sąsiadki. Na przykład:

– Gdzie jest mój ręcznik?!

– Ale po co tym tonem?!

– Specjalnie kupiłem sobie zielony, żeby się odróżniał od reszty, żeby było wiadomo, że to mój!

– Myślałam, że wszystko jest wspólne, chyba na tym polega związek.

– Ale ręcznik kupiłem sobie. Jest tylko mój!

– Chleb też miał być tylko mój, bo gardzisz glutenem, a jednak zeżarłeś prawie cały. W nocy!

– Chleb mi wypominasz? Odkupię ci!

I tak dalej aż do cichych dni.

Oj, potrafiłam pomilczeć. Najpierw dla zasady, żeby odbudować sponiewierane ego, potem, żeby ukarać przeciwnika, a na koniec, bo duma nie pozwalała ukorzyć się pierwszej.

Kiedy poczytałam Zelanda, postanowiłam nie zasilać energią potencjalnego konfliktu. Wychodziłam do drugiego pokoju, gdy tylko temperatura subtelnie zaczynała się podnosić. „Jutro, jutro, panie kochany" – mówiłam. Szybko pojęłam, że nie doznaję najmniejszej ujmy, odpuszczając. Zrozumiałam, że nie muszę umacniać własnych poglądów, nakłaniając oponenta do zmiany zdania na moje. *Rose is a rose is a rose*... Nie broni się urody róż. Jeśli ktoś uważa, że są brzydkie – nie ma to najmniejszego wpływu na piękno, które dla nas jest oczywiste... Podobnie jest z naszą prawdą. Dezerterowałam z dumą. Druga strona nie miała w kim zatopić bagnetu – wojna nie mogła zaistnieć.

Ludzie podczas kłótni tak naprawdę się nie słuchają. Przeciwnik mówi, a my w tym czasie w laboratorium umysłu konstruujemy argumentowy pocisk dum-dum. I odwrotnie. Nikt nie wygrywa.

Jest jeszcze jedna metoda zduszenia konfliktu w zarodku. Zaskoczenie...

– Ale ręcznik kupiłem sobie. Jest tylko mój!

– Mój ojciec wyznał mi przez telefon, że w osiemdziesiątym trzecim, wiosną, widział UFO.

– Co?!

– UFO.

– Nie ma UFO.

– Też tak myślę.

I po kłótni.

A JA ŻEM JEJ POWIEDZIAŁA, KAŚKA...

Do czego to doszło, żeby Bóg musiał się reklamować...

Jego ostatnia kampania łudząco przypomina tę telefonii komórkowej – co tydzień inny celebryta mówi, że korzysta…

Moje relacje z Bogiem były skomplikowane. Jako dziewczynka wiedziałam, że spotyka się z nim babcia. Wpadał każdego poranka o piątej. Babcia stawała przy oknie, pocierała liść geranium, wąchała palce i wtedy On przychodził. Konwersowali godzinkę. Ona mówiła szeptem, On odpowiadał. Jego głos brzmiał jak cisza. Jadwiga (tak babcia miała na imię) kazała mi się Boga bać. „Bój się Boga, Kasiniu!" – krzyczała. Dziadek nie wierzył, bo zakazali mu w pracy. Był milicjantem. On kazał mi się bać dziada z worem z ulicy Krzywoustego albo laczka. „Bo cię zabierze dziad z Krzywoustego", „Zaraz wezmę laczka, to zobaczysz" – mawiał. Nałożyło mi się to wszystko na siebie i zyskałam pewność, że Bóg na pewno ma wór i laczki.

W podstawówce zaczęłam uczęszczać na religię. Respekt dla Boga jeszcze się pogłębił. Karnie odmawiałam paciorek, na który składał się wierszyk o Jakoimach („Jako i my odpuszczamy naszym winowajcom") i przepraszanie. Czasem proszenie o coś, na przykład, żeby nie było lania albo żeby Arek na mnie spojrzał, albo żeby Agata wzięła mnie do swojej bandy. Lańsko było, jeśli miało być, Arek nie spojrzał nigdy, a z Agatą Bóg się potężnie spóźnił, bo legitymację bandy otrzymałam dopiero w siódmej klasie.

Zawsze byłam szczególarą. Miałam mnóstwo pytań. Nie zadowalały mnie proste odpowiedzi. Nie można mi było zakneblować ust kulą dogmatu. Po bierzmowaniu, rozczarowana, przestałam próbować. Obraziłam się na Kościół.

Jako że bezwzględnie czułam w sobie obecność pierwiastka duchowego, zabrałam się do wertowania dostępnych na rynku ofert duchowych. Nie jestem typem wspólnotowca, nie wyglądałam zatem grupy. Obrządek również mnie nie uwodził. Miałam głębokie przeświadczenie, że stanowi uzdatniacz dla wiary, metaforę zrozumienia. Czytałam. Ogromnie dużo czytałam. Ostatecznie studia te przyniosły cudowną skądinąd refleksję, że wszystkie systemy duchowe podszyte są gładką podszewką wspólnej esencji. Tak jakby istniał kręgosłup, który ludzie obudowali swoistą tkanką wedle własnego gustu i uznania.

Mijały lata. Czasem padałam w rozpaczy na kolana, prosząc o ukojenie. Czasem wdychałam kadzidła, próbując zatrzymać gonitwę myśli. Czasem mówiłam do siebie: „Życie jest jedno, a potem się umiera i koniec".

Obecnie nie kopię się już z koniem. Wierzę głęboko, że:

- życie to cud,
- wszyscy mamy w sobie maleńki pręcik dobra, który żarzy się bez przerwy,
- jesteśmy częścią Jedni, a tu nie ma miejsca na pogardę dla kogokolwiek,
- błądzimy, ale to nie grzech. Zawsze jest dobry moment na zmianę,
- cierpienie sprawia, że duch zdobywa bezcenną sprawność.

Bóg istnieje, ale nie ma oblicza. Można Go doświadczyć w ludziach i naturze. Staje się namacalny w naszym wzruszeniu.

Nie potrzebuję do kontaktu z nim pośredników, ale szanuję to, że inni potrzebują.

Nie boję się Go, bo lęk mieszka na zimnym biegunie, przeciwległym do bieguna miłości. Miłość nie może zaistnieć w tej samej przestrzeni co lęk.

Wiem, że moje ciało i wszystkie jego aktywności to tylko powidok. JA nie mam granic. TY również.

A JA ŻEM JEJ POWIEDZIAŁA, KAŚKA...

Jeśli
nie chcesz
wypaść
z obiegu,
pamiętaj
– publicznie
nie możesz
mieć
na sobie
dwa razy
tej samej
sukienki,
twa...
twarzy.

Czasem myślę, że lepiej trzymać się z dala od obiegu. Patrzę z przestrachem na wymogi, jakie obieg stawia. Jest jak nienasycona bestia. „Tylko brać, brać i brać" – jak mawia moja mama, a od siebie – niewiele. Galernicy obiegu urabiają się po łokcie pod pokładem, często tracąc życie. Publiczne.

Podstawą jest zaistnieć w krajowej świadomości. Nie jest to łatwe. Jeśli wystartujesz z wysokiego C, to zostaniesz zarejestrowany, ale co dalej? Jak się utrzymać, czym zaskoczyć?

Goliznę widać nawet z dużej odległości, silnie działa. Jeśli drzwi do sławy wyważysz gołymi cycami, musisz się pogodzić z konsekwencjami – zanim ktoś oderwie od nich wzrok, by spojrzeć ci w oczy, minie sporo czasu. Może się okazać, że nie jesteś aż tak interesująca, kiedy mówisz czy śpiewasz. Głodna wielkiego „Wow!" pokażesz pupę, potem właz do macicy... Ale i to się opatrzy.

Możesz wybrać skandal. Wjechać do show-biznesu na pełnej k... – wskakując, bez siodła, na grzbiet którejś ze świętych krów i wysmagać batem obelgi jej święty zad. To się klika, to się ogląda, ale szybko zapomina. Znów jesteś na starcie, tylko lista wrogów zyskała parę nowych nazwisk.

Możesz połączyć siły z kimś, kto już zajada z koryta, i zaatakować z okładek wizerunkiem was biegnących do siebie po plaży, a do tej pięknej pocztówki dołączyć opowieść o miłości, jakiej świat jeszcze nie oglądał. Nic nie poradzę, że to też działa krótko. Może będziesz miała szczęście i po zejściu z pocztówki koleś zacznie się nad tobą znęcać... Chwilę na tym pociągniesz. Na okładce możesz być ubrana w brązową tunikę i mieć rozdzierająco smutne spojrzenie.

Możesz wybrać opcję „Ikona mody". Jeśli postarasz się bywać każdego dnia tygodnia na rautach, premierach i bankietach, to będziesz obecna w świadomości codziennie. Ale raczej w rubrykach towarzyskich, a nie na okładkach. Zawsze coś. Tu problemem są koszta. Outfity żyją sekundę. Skąd na to brać?! No i jeśli raz popełnisz błąd, źle dobierając buty do reszty – leżysz.

Kolejny sposób to metamorfoza. Możesz bardzo schudnąć. To się klika. Byle nie za bardzo, bo powiedzą, że jesteś chora, a przecież chcesz uwielbienia, a nie litości (ja wzięłabym litość z rozkoszą, byle dotyczyła utraty wagi). Możesz spektakularnie przytyć. Pal sześć, byle mówili.

Możesz zamontować aparat na zębach, choć lepiej działa wybielanie – jest widoczne z daleka. Biały ząb zbije po oczach czytelnika i zmusi do uwagi.

Możesz zacząć wszystko od nowa z nowiutką twarzą. To jest wspaniała opcja dla obdarzonych nienachalną urodą albo starych po trzydziestce. Z dziewczyny z sąsiedztwa wskakujesz na półkę najpiękniejszych „Vivy" lub najseksowniejszych „Plejady". Może się to skończyć nawet posadą w telewizji albo reklamą kremu.

Najlepiej dostać się do telewizji. To są pieniądze. To jest sława. Jak zdasz egzamin pierwszego sezonu i nakręcą drugi – jesteś w domu. Możesz wtedy na luzie nie odpowiadać dawnym znajomym „cześć". Możesz się opłotkować, otoczyć murem przepuszczalnym tylko dla pochlebców. Możesz nagrać merytorycznie słabą płytę i nawet tego nie zauważysz, bo świetnie się sprzeda. Możesz zagrać kiepsko albo w naprawdę dennym filmie i mieć znakomite samopoczucie. Jak w telewizji pokazali krem, który zmniejsza obwód ciała podczas snu o pięć centymetrów – następnego dnia był na mojej półce.

A potem przychodzi ta ostatnia samotna minuta przed śmiercią, kiedy szepczesz do swojej duszy: „Czy mnie jeszcze pamiętasz?".

Puste naczynie dla zbłąkanego
wędrowca na wigilijnym stole
jest po to, żeby było, ale żeby,
broń Boże, nikt obcy
nie przyplątał się
do wspólnego stołu.
Polska tradycja...

Czasem myślę, że jednym z nieuświadomionych, ale silnych lęków człowieka, jest lęk przed „sprawdzam" od Losu. Wielokrotnie doświadczałam zawstydzenia, gdy obserwowałam, jak upadam, a wór z przerobioną intelektualnie teorią dociska mnie do ziemi.

Poświęciłam mnóstwo czasu na zgłębienie istoty zazdrości. Paliłam w piecu zrozumienia nieskończoną liczbą podręczników poświęconych temu zagadnieniu. Udawało mi się utrzymywać stałą temperaturę. Idealną dla rozwoju – polegującego w inkubatorze – maleńkiego spokoju. Kiedy spokój nabrał masy, wykształcił wszystkie funkcje, uznałam, że można świętować. Jakże chętnie opowiadałam bliskim i dalekim o tym, jak pięknie rośnie, że jeszcze chwila i zacznie mówić.

Pamiętam wieczór, kiedy z partnerem poszliśmy na imprezę. Konkretnie wstawiona babka najpierw przetrzymała przy powitaniu jego dłoń, a chwilę później zbrukała dotykiem jego jeansy na wysokości tyłka.

Poczułam, jak poszczególne elementy wnętrzności zamieniają się miejscami, serce podchodzi do gardła, żołądek zstępuje do miednicy, płuca się kurczą, zostawiając miejsce dla ultrakrótkich oddechów. Tętno szaleje, krew próbuje rozsadzić skronie, szczęki chcą się zmiażdżyć nawzajem, zetrzeć zęby na proch, spod makijażu zaczyna przebijać perłowa biel. Ruszam. Wszyscy w pomieszczeniu jakby zastygają w stopklatce, tylko ona tańczy, a ja mam czujnik ruchu.

Osiągam jej współrzędne. Moje oczy są lodowatoniebieskie jak oczy husky. „Spróbuj jeszcze raz posłać rękę w to miejsce, a zamiotę tobą podłogę" – powiedziane spokojnie, z hiperdykcją, jakbym była Hannibalem Lecterem, chociaż nie – jako Hannibal nie zamiatałabym... „Spróbuj jeszcze raz posłać rękę w to miejsce, a wszyscy tu zgromadzeni będą mogli zobaczyć, jak mi się tobą odbija" – tak bym raczej powiedziała. Mniejsza o to. Poczułam i powiedziałam to, czego nie poczułby i nie powiedział ktoś, kto pokonał zazdrość...

Los wyczekuje okazji, by zainscenizować sytuację, w której teoria sprawdzi się w starciu z praktyką.

Łatwo, a nawet przyjemnie, oddaje się życie za Ojczyznę, prawiąc o tym przy wódeczce z kolegami. Może rzeczywiście je oddasz, jak wielu naszych przodków. Ale co poczniesz, jeśli bez mrugnięcia powieką, zapłakany i przerażony, klękniesz przed wrogiem, dorzucając w pakiecie listę nazwisk i adresów swoich przyjaciół, by zyskać jeszcze trochę czasu na Ziemi?

Łatwo zapraszać uchodźców do osiedla baraków. Gdy przyjdzie zaprosić ich pod własny dach, lepiej zasłonić się zbyt małym metrażem.

Łatwo być dżentelmenem w gadce. Gdzie upchnąć wstyd, gdy w centrum miasta nawalona banda zasadza się na waszą grupę, wyrywają włosy i kopią jedną z waszych koleżanek, a wy bijecie szkolny rekord w biegu na dystans gwarantujący bezpieczeństwo?

Kiedy mój syn miał cztery lata, spędzaliśmy wakacje nad jeziorem. Pewnego dnia, gdy słońce osiągnęło docelową wysokość, pobiegłam na kemping włożyć lżejszą bluzkę. Syna zostawiłam na niebieskiej jak skrawek nieba karimacie. Nie było mnie dwie minuty. Gdy wróciłam, niebieska karimata leżała na pomoście. Czas się zatrzymał, a ja wraz z nim. Stałam sparaliżowana, wpatrując się w spokojną taflę jeziora. Nie oddychałam, nie byłam w stanie wydobyć dźwięku, utraciłam jakąkolwiek władzę nad swoim ciałem. Umarłam. Widziałam siebie z góry. Przywrócił mnie do życia śmiech mojego dziecka. Ciotka Baśka zabrała je do ogrodu, a karimatę rzuciła na pomost.

Jestem ostrożna w wypowiadaniu deklaracji. Tego, że dziecko jest jedyną być może istotą na świecie, za którą pobiegnę w ogień na zasadzie odruchu bezwarunkowego, byłam pewna. Czemu nie wskoczyłam do wody? Czemu nie krzyczałam? Noszę ten moment w sobie do dziś. Jest mi wstyd.

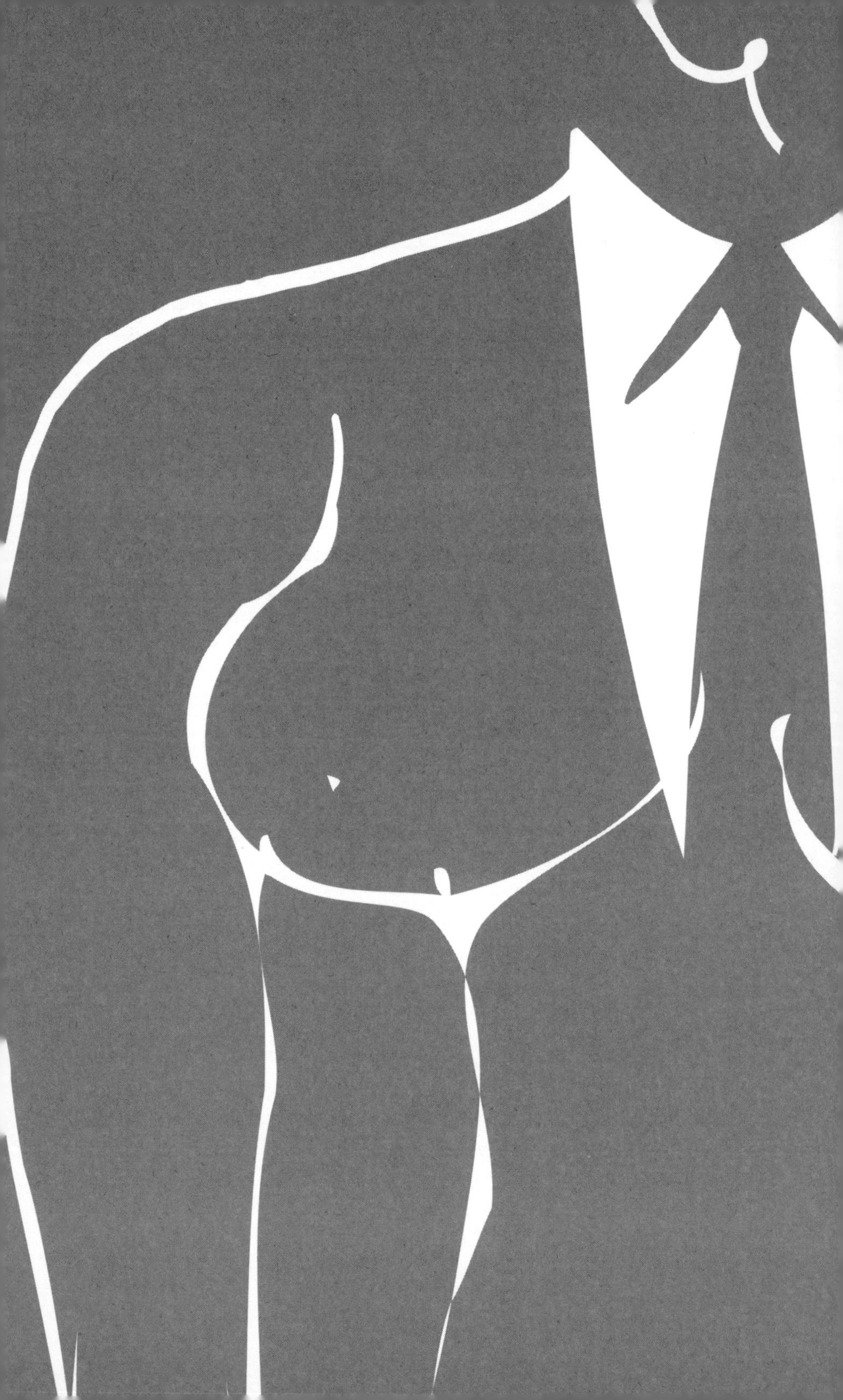

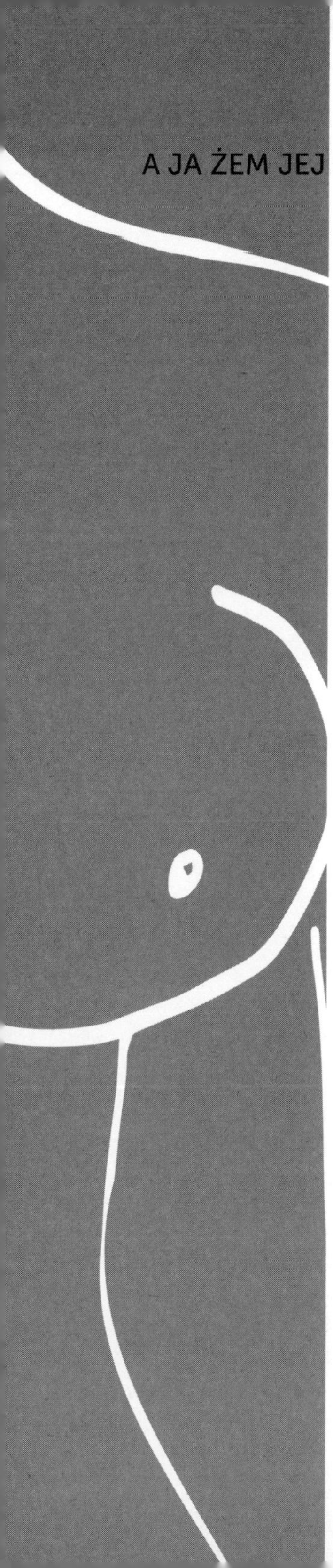

A JA ŻEM JEJ POWIEDZIAŁA, KAŚKA…

Współczesny mężczyzna powinien: zaciągnąć kredyt na dom, płacić alimenty na syna i ściąć drzewo… Najlepiej w Białowieży.

To się musiało rypnąć. A wystarczyło całą wolną wolę upchnąć w mężczyznę, nie montować w kobiecej głowie rozumu, wyeliminować zdolność mówienia, po prostu w głowie zamiast mózgu umieścić małą rabatę, gdzie kobieta mogłaby zasadzić sobie warzywo albo kwiat, albo trzymać chomika. Albo zostawić pustą czaszkę, a na czubku głowy umieścić otwór do wrzucania monet, żeby mężczyzna miał skarbonkę.

Strefę intymną można było zaprojektować tak, żeby służyła tylko i wyłącznie do podejmowania członka bez uwzględniania przyjemności. Macica mogłaby być większa, żeby pomieścić jednorazowo jeszcze więcej dzieci. Albo lepiej – mogłyby to być dwie macice.

Dlaczego tylko para rąk? Po cztery na stronę byłoby w sam raz. Może ze dwie zapasowe, tylko znacznie dłuższe, na plecach, żeby na przykład zmywać, a tymi długimi wkręcać żarówki. Albo prać skarpety, a długimi masować kark mężczyzny.

Nie, nie. Zdolność mówienia jednak zostawić do wyrażania zachwytu i wdzięczności. Z chomikiem w głowie przecież by nie myślała, zatem niebezpieczeństwo, że powie coś niedopuszczalnego, byłoby wyeliminowane.

Wystarczyło pomyśleć, a tak... Musiało się rypnąć.

A to gadanie, że mężczyźni są silni, a kobiety to słaba płeć. Ile z tego zamieszania powstało. Chłopcy od małego próbują doskoczyć do poprzeczki. Wstydzą się każdej łzy. Wstydzą się założyć zielnik. Mogą się ubierać tylko na granatowo, brązowo, czarno albo ciemnozielono. Tęsknią za tymi innymi, żywszymi kolorami, których nazw nawet nie wypada im zapamiętać. Muszą się bawić w wojnę, chociaż zabawa w dom wydaje im się fajniejsza, bo wiedzą, jak wygląda dom, a nie mają pojęcia o wojnie. Muszą, po prostu muszą lubić sport, ale preferowane są dyscypliny męskie, a nie jakaś gimnastyka artystyczna na przykład. Nie uczy się ich rozpoznawania emocji, bo po co? A jednak odczuwają ich całe spektrum, tylko nie potrafią nazwać. Mówią „Taki jakiś dzisiaj jestem..." – i idą się nawalić. Albo pozwalają emocjom fermentować w głowie i ciele, a kiedy te osiągają poziom alarmowy – faceci robią gnój na ulicy, biją żonę, dzieci albo dostają zawału czy innego wylewu.

Kobiety, opatrzone etykietą „słaba płeć", mogą eksperymentować z siłą, ale pod pobłażliwym okiem mężczyzny. Jeśli polegną, muszą przeprosić, odłożyć motykę na miejsce, a na słońce wystawić ciało w bikini i pranie. Mężczyzna wtedy wróci spokojnie do czytania gazety.

Obecnie wygląda to wszystko przedziwnie. Obie płcie wymiękają. Kobiety chcą dopuścić do głosu swoje yang, a facetom zanikają mięśnie, tak bardzo chce w nich przemówić yin.

Będzie z tego kataklizm. Chyba że pozwolimy zaistnieć równowadze, pozwolimy, by jedno z drugim znalazło należną sobie przestrzeń. Nie kobieta, nie mężczyzna... Człowiek.

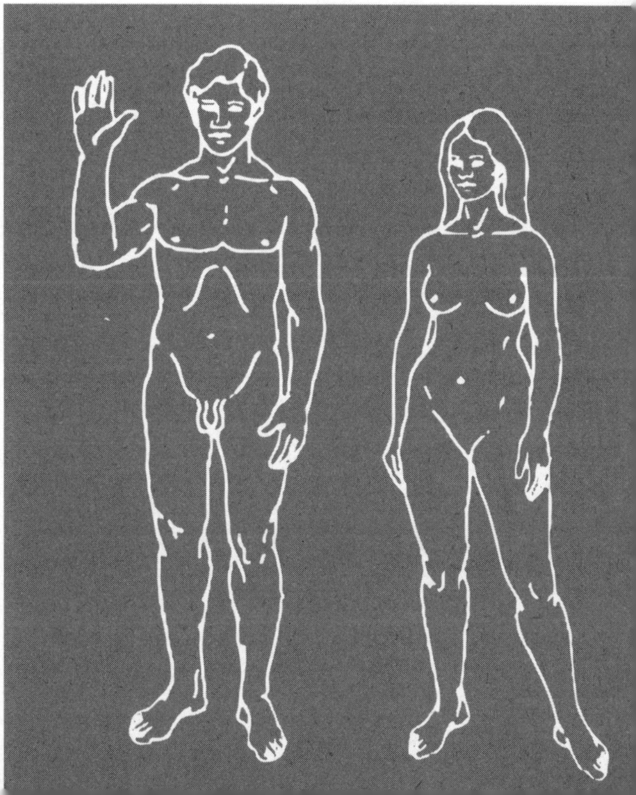

LA

JK!

A JA ŻEM JEJ POWIEDZIAŁA, KAŚKA...

Jeśli chcesz wszystkich nabrać, że jesteś naprawdę wyjątkowa, zrób sobie fotkę z ambitną książką, powiedz, że słuchasz tylko jazzu, a na wystawach sztuki współczesnej mów „mhm..." – z miną znawcy.

Jeśli ktoś przegapi wiadomość, że wszyscy jesteśmy wyjątkowi, w poszukiwaniu wyjątkowości wybierze się hen, daleko, na manowce oszustwa.

Byłam tam. Droga jest długa, prawdziwie wyczerpująca, a na jej końcu czeka rozczarowanie. Nie rosną tam drzewa uginające się pod ciężarem oryginalnych przemyśleń, których kosz można przytargać do codzienności, by oszołomić ludzi. Znajdziesz tam stragany z cytatami tych, których podziwiasz. Znajdziesz odpryski geniuszu – na wagę. Pomysły z drugiej ręki. Fałszywe pieniądze. Podróbki.

Rozglądasz się po świecie i wyraźnie dostrzegasz ludzi, którzy promieniują szczególnym blaskiem. Też chcesz błyszczeć. Znasz siebie dobrze i masz pewność, że z natury jesteś matowy. Widzisz, że błyszczący żyją życiem na wysoki połysk. Ty masz życie na wysoki mat. Tylko chwilę próbujesz zawalczyć o blask, ale wiesz, że nie wygenerujesz go z komponentów, jakie posiadasz.

Teraz możesz zdecydować, kim chcesz być, jeśli sobą nie lubisz.

Może malarką? Malować nie umiesz, ale możesz zainwestować w wielką czarną tekę na prace i przechadzać się z nią i miną artystki po mieście.

Może superkochankiem? Jeszcze nie użyłeś drugiego palca dłoni do podliczania partnerek, zatrzymałeś się na kciuku, ale możesz opowiadać o podbojach, sypać pikantnymi szczegółami, udawać przemęczonego ciągłym ejakulowaniem.

A może oczytaną? Nie lubisz czytać, ale to nie oznacza, że nie możesz zamieścić na Instagramie fotki z *Ulissesem*, *W poszukiwaniu straconego czasu* czy pełnym zestawem Pięcioksięgu konfucjańskiego.

Możesz znaleźć krawcową, która odszyje ci kreacje znanych projektantów. Możesz opowiadać, że kupiłeś dom w Portugalii, zapraszać serdecznie znajomych, a potem mówić, że nie teraz, bo siostra z dziećmi tam siedzi.

Możesz brać piosenki od autorów i kompozytorów, odśpiewywać je i określać się mianem artysty.

Możesz mówić, że uwielbiasz fotografię, Jodorowsky'ego i Cummingsa – bo to robi lepsze wrażenie niż leniuchowanie na kanapie, zarywanie nocy z Simsami i oglądanie „Kuchennych Rewolucji".

Bywa, że ci wierzą. Kłopotem są ci wszyscy, którzy poznali cię, zanim zaczęłaś kłamać, ale ich można unikać. Nie możesz jednak unikać siebie. Ty wiesz, jak jest naprawdę. Żyjesz w napięciu, że się wyda. Refleksja, że świat pokochał nie ciebie, a ten patchwork, którym obecnie jesteś – boli. Byłam tam.

Przegapiłaś wiadomość, że wszyscy jesteśmy wyjątkowi. Jesteś wyjątkowy, jesteś wyjątkowa.

Od jakiegoś czasu nie wstydzę się tego, kim jestem. Znam swoje możliwości. Są zbyt ograniczone, by zawojować świat, ale wystarczające, by być wdzięczna, lubić życie i oddychać swobodnie.

Może wcale nie jesteś gruba?
Może to bardzo, bardzo,
bardzo długa ciąża?

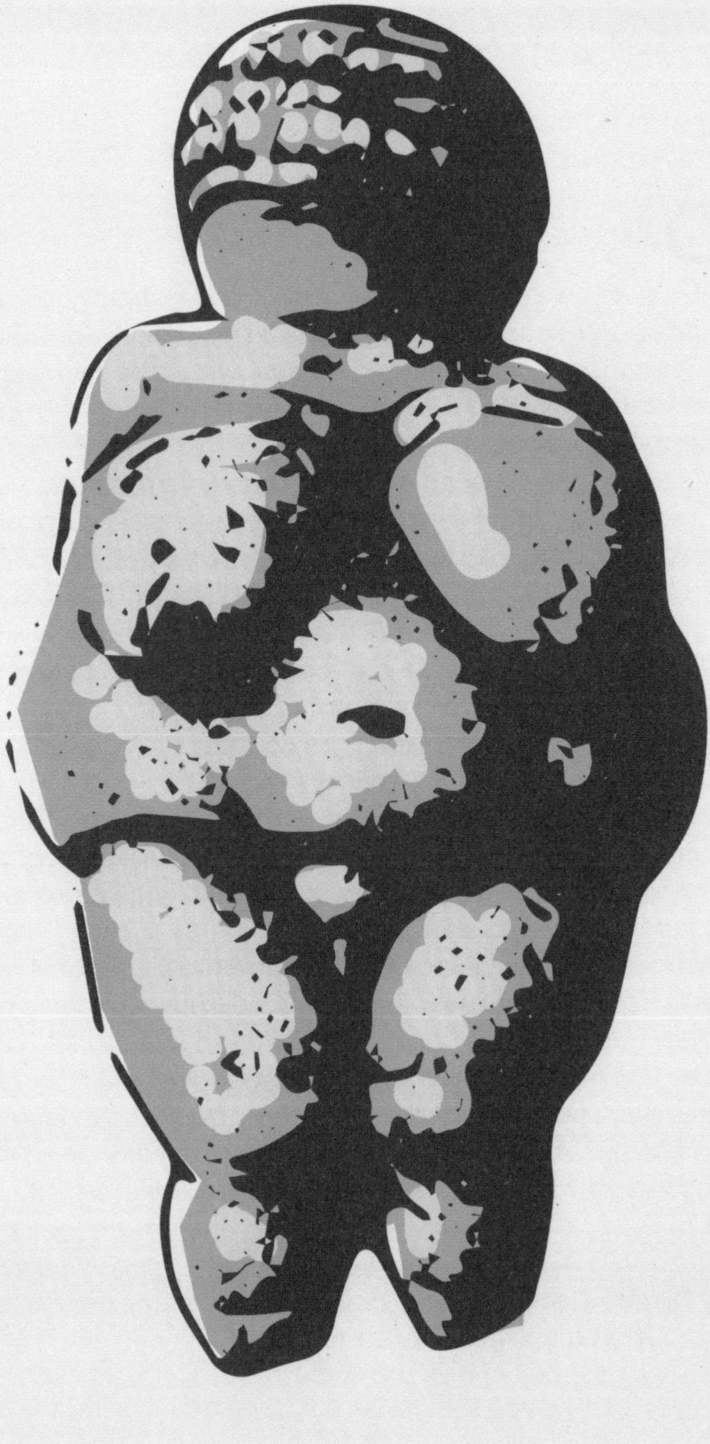

Prywatnie uważam, że tam w środku, pod warstwą nadmiaru, tkwię uwięziona prawdziwa ja. Jestem naprawdę drobna. Wystarczy spojrzeć na moje nadal widoczne nadgarstki. Żadna tam gruba kość. Stopy również delikatne. Aż trudno uwierzyć, że dźwigają całą resztę.

Chudzi patrzą na puchatych z obrzydzeniem. Nie pojmują, jak można się doprowadzić do takiego stanu. Podejrzewają nas o lenistwo, najsłabszą wolę albo wręcz jej brak. Mówią: „Przestań tyle żreć! Ogarnij się, Barbapapo!". Nikomu nie przychodzi do głowy, że przyczyny nadwagi mogą wykraczać poza sferę materii, że namnożone komórki tłuszczowe są fizyczną manifestacją spirytualnego konfliktu.

Wiem, że przestrzeń, jaką zajmuje moje ciało, nie jest tą, której potrzebowałabym w rzeczywistości.

Noszę plandeki. Czy lubię? No, kurde, jasne, że nie! Chciałabym latem wbić tyłek w szorty i narzucić białą bluzeczkę na ramiączkach. Do tego rzemykowe sandały z kolorowymi pomponami, by pozadawać trochę szyku na ulicach. Chciałabym doświadczyć autoerotycznego momentu podczas gładzenia własnego jędrnego brzucha. Chciałabym podbiec bez zadyszki do tramwaju, pożyczyć sukienkę od chudej koleżanki. Chciałabym w dopasowanej cekinowej sukni syreny, z odkrytymi plecami, wjechać na scenę, by odebrać nagrodę albo chociaż komuś ją wręczyć. Chciałabym paradować bez skrępowania naga po domu. Chciałabym mieć cień, który jest mniejszy od cienia mojego faceta. Chciałabym wreszcie wziąć ślub i nie bać się albumu ze zdjęciami z tego wydarzenia. Nie mówiąc już o tym, że wyrzucenie sceny przenoszenia przez próg rozwala cały scenariusz.

Czy próbowałam schudnąć? No, kurde, jasne, że tak! Znalazłam stary pamiętnik. Wpis o diecie zawarłam już jako trzynastolatka. Byłam na diecie nieskończoną ilość razy. Przechodzę na nowe diety razem z innymi babkami. Wiele z nich osiąga świetne efekty, ale ja jestem zawsze w tej grupie, która poległa. Zauważyłam ciekawą prawidłowość. Kiedy zaobserwuję odwrót wagowej wskazówki z pozycji alarmowych, odczuwam coś na kształt paniki. Dziwny lęk przykrywa chwilową euforię i nakazuje mi napaść na lodówkę. Rozkaz jest wyraźny, nie mogę go nie wykonać. Nadrabiam utracone kilogramy, a wraz z nimi pojawia się ulga i spokój. Też chwilowe, bo potem ta filigranowa istota, jaką jestem w rzeczywistości, zaczyna popiskiwać głośniej i głośniej, aż w końcu wrzeszczy: „Co ty mi rooobiiisz?!". I od początku.

Postanowiłam dokopać się do źródeł lęku. Badania wciąż trwają. Dotychczasowe wnioski:

- tusza mnie chroni. To jest stare. Pochodzi z epoki kredy mojego dzieciństwa. Jako dziewczynka, tyjąc, osiągałam dwa cele. Byłam wielka, okrągła, a tym samym widoczna. Dorośli cieszyli się, że ładnie jem, kierowali w moją stronę spojrzenia, zauważali wreszcie, że istnieję. Potem mama krzyczała, że jem za dużo, że nie mogę dostać na kolację pięciu kromek, gdy ojciec woła o trzy. Ale znów – widziała mnie. Krzyczała do mnie,
- tusza powodowała jednocześnie, że czułam się nieatrakcyjna. Bałam się być atrakcyjna. Na dalszym etapie badań mam zamiar dowiedzieć się dlaczego. Czuję, że to będzie bolało,
- tusza była też testem na miłość. Jeśli potrafię sprawić, że ktoś mnie pokocha, wybierze spośród milionów chudych i pięknych, to znaczy, że moja niefizyczna esencja jest pychotką. Często mówię do partnera: „Stary, poczekaj, aż schudnę, to dopiero będzie czad". Bo będzie. Muszę tylko zrozumieć, dlaczego tak bardzo boję się wypuścić na świat tę kruchą Kasię. Dlaczego świat wydaje mi się dla niej zbyt niebezpieczny.

Intuicja to jest ta pierwsza
myśl, którą zawsze masz,
ale ignorujesz i wpadasz
w niezłe bagno.
Twoja intuicja jest wielka
jak góra skarpet
i zapalniczek, które giną.

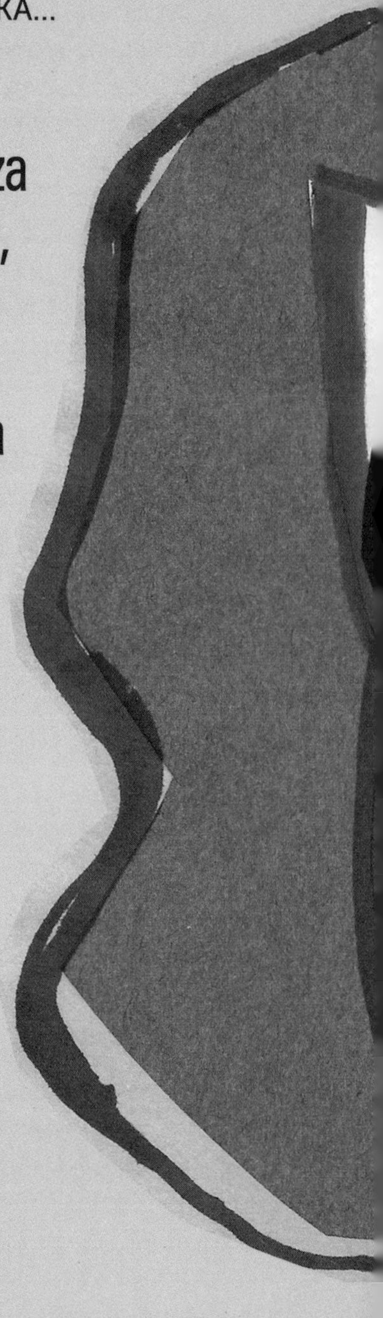

Na ostatniej z siedmiu lekcji w technikum wpadła do klasy ognistoruda profesorka od przysposobienia obronnego. „Szukam dwóch ochotniczek, które zostaną po lekcjach. Chodzi o sprzątanie" – rzuciła. Odpowiedziało jej echo. Komu by się chciało przeciągać pobyt w szkole, poddać wolne popołudnie, które spożytkować można przecież na setki ciekawszych sposobów.

Siedziałam w ławce z Barbarą. To był impuls. Jakaś nieznana siła podniosła moje ramię i wypowiedziała moimi ustami: „My! My możemy". Facetka poprosiła nas na korytarz, a tam wyznała, że dysponuje dwoma miejscami na wyjazd do NRD w ramach Ochotniczego Hufca Pracy. Dwa tygodnie, w trakcie roku szkolnego, za granicą! Czułam się jak ta dziewczynka w bajce, która wybiera zamiast zdobnej skrzyni tę brzydką drewnianą i okazuje się, że właśnie ona jest pełna klejnotów, podczas gdy w bogato inkrustowanej złotem wiją się węże.

Mam szesnaście lat. Nigdy wcześniej nie myślałam serio o śpiewaniu.

W NRD poznaję chłopca, który gra w zespole na gitarze. Po powrocie zaprasza mnie na próbę. Tego dnia wydobywam z siebie pierwszy żarliwy krzyk do mikrofonu. Odkrywam źródło prawdziwej przyjemności.

Wiem, że wtedy w klasie zawibrowała we mnie intuicja, a ja jej posłuchałam bez zadawania pytań.

Minęło kilka lat. Zespół Hey odniósł maleńki sukces – po raz pierwszy zdobyliśmy nagrodę, a w lokalnej prasie umieszczono nieostrą fotografię wokalistki Kasi. Cała w pąsach i dygocie pobiegłam z gazetą do mojego ówczesnego chłopaka. „Albo ja, albo to gówno" – wysyczał. Kochałam go do imentu, a jednak coś powiedziało moimi ustami: „W takim razie to gówno". Odwróciłam się na pięcie i odeszłam w przyszłość, nie oglądając się ani razu za siebie. Moje życie wskoczyło na niezwykły tor, wszystko zawdzięczam tej jednej sekundzie. Znów posłuchałam. Znów bez zadawania pytań.

Potem coś się zmieniło. Przestałam sobie ufać. Przyglądając się każdemu z ogromu momentów, jakie doprowadziły mnie do teraz, widzę, że intuicja była przy mnie zawsze. Zakneblowałam jej usta. Wydawała tylko tłumione odgłosy, a te ignorowałam. Czasem próbowała użyć przestrzeni snów, żeby ostrzec. Ale jak to w snach – informacja przemycana jest w formie szyfru, ambitnej metafory – człowiek woli wypić poranną kawę, niż przegrzewać umysł podczas rozpracowywania sennej enigmy.

Dawno temu poznałam dziewczynę. Poczułam silny odrzut. Wydała mi się skrajnie nieprzyjemna. Obleczona skórą frustracja, agresja i napięcie. Kręciła się w pobliżu przez kilka lat, aż przypuściła atak na mój związek. Jestem jej wdzięczna. Dzięki tej sytuacji wyjęłam knebel z gardła mojej intuicji. Teraz może przemawiać głośno, a ja idę za nią. Bez zadawania pytań.

Hołubię ją i karmię złotą łyżeczką.

Robisz tak: po premierze filmu podchodzisz do Krystyny Jandy, prosisz ją o autograf, a potem opowiadasz w wywiadach: „Krysia? Baaardzo się przyjaźnimy”.

To Facebook nam to uczynił. Redefiniował pojęcie znajomego. Żeby być znajomym, wystarczy wysłać zaproszenie, cierpliwie czekać na akceptację, a potem celebrować znajomość, która trwa latami bez najmniejszego zaangażowania stron. Masz wrażenie, że znasz człowieka, bo wiesz, jak układa produkty na talerzu. Widujesz go z głową na poduszce. Umiałbyś trafić ze stołowego do kuchni w jego mieszkaniu, bo znasz drogę ze zdjęć. Wiesz, że kot znajomej podrapał kanapę, chłopak przebiegł cztery kilometry, a matka była w Egipcie.

Nic dziwnego, że ludzie, których spotykasz twarzą w twarz, a nawet możesz wypowiedzieć do nich zdanie, z automatu pasowani są na przyjaciół. Najlepsi przyjaciele to ci, z którymi cmokasz się na powitanie. To ci, z którymi przy wódce oglądasz „Taniec z Gwiazdami" i wyszydzasz gwiazdy i tancerzy. To ci, którym w przypływie przyjacielskiej szczerości zdradzasz tajemnice innych „przyjaciół". Pozór bliskości budujesz głównie na obgadywaniu. Konspiracyjnym tonem bliskim szeptowi, o sobie mówiąc niewiele lub nic.

Świetnie scala balanga. Alkohol znakomicie otwiera, głębia wygęganych komunikatów wprost wzrusza. „Wiesz, nie lubiłem cię, ale fajny z ciebie chłop", „Bez urazy, Marek, ale twoją Arletę tobym poobracał", „Powinnaś zacząć ćwiczyć, poprawiłaś się ostatnio", „Kasa to nie problem. Ile potrzebujesz?", „Jedźmy razem na wczasy, zróbmy razem biznes".

Niesamowite, jak zbliża SMS zakończony czerwonym serduszkiem. Nieśmiali kończą zielonym albo niebieskim. Fajnie działa buźka z serduszkowym buziakiem. No i lajk. Człowiek rośnie, licząc lajki. Lajkujący natychmiast stają się przyjaciółmi, wobec niereagujących stajemy się nieufni, a ci, którzy zostawiają negatywny komentarz, to wrogowie.

Nasz dom był pełen ludzi. Byliśmy jądrem, wokół którego wirował tłum. Czasem czuliśmy się samotni, pojawiała się myśl, że to wszystko iluzja, że te relacje nic nie ważą. Dyskomfort, jaki przynosiła ta refleksja, był trudny do udźwignięcia. I znów impreza, i znów rozkosz przynależności.

Mój kochany nie wytrzymał tempa. Jest chory na raka duszy. Obecnie zdrowieje. Wraz z ostatnią falą alkoholu odpłynęli z naszego domu surferzy iluzji. Jest inaczej. Jest lepiej. Jesteśmy prawdziwymi przyjaciółmi. Dla siebie nawzajem i dla siebie samych. Ten moment, gdy pokonujesz lęk przed uznaniem własnego cierpienia, i ten przed dopuszczeniem do niego drugiego człowieka, jest bezcenny. W przyjaźni stajesz przed drugim człowiekiem odziany w swoją słabość i pozwalasz mu dogrzać się akceptacją. Jesteś gotów – bez oceniania i oczekiwania na rekompensatę – dać mu to samo. W realu. Na trzeźwo.

Pytanie retoryczne to takie,
na które nie oczekuje się
odpowiedzi jak wtedy,

gdy ojciec podsuwa ci rękę
pod nos i pyta:
„Wiesz, czym to pachnie?!”,
a ty nie musisz odpowiadać:
„Papierosami”…

Jeśli zastanawiasz się, co właśnie robię, to jest wielce prawdopodobne, że palę. Palę po prostu albo papieros występuje w duecie z inną czynnością. Palę i piszę. Palę i słucham muzyki. Palę i oglądam film. Palę i rozmawiam przez telefon. Palę i czytam.

Albo wkurzam się, że nie mam fajek, przeszukuję mieszkanie w nadziei, że jakaś się ukrywa. Negocjuję z domownikiem, żeby skoczył na stację, ostatecznie palę jego, która wcale mi nie smakuje. Jest to straszne.

Kiedyś obliczyliśmy, niedoszacowując, ile pieniędzy z domowego budżetu puszczamy z dymem. Kwota w skali roku wysadziła nas z butów. Postanowiliśmy rzucić palenie, a mając w głowie oszczędności, jakie pojawią się w portfelu, zaciągnęliśmy kredyt na mieszkanie. Obecnie puszczamy z dymem więcej, bo wysoka rata kredytu utrzymuje nas w stanie szczególnego podenerwowania.

Okresy niepalenia zdarzały mi się na przestrzeni życia dosyć często. Z tego wniosek, że potrafię funkcjonować w codzienności – z jej radościami i bolączkami – bez wsparcia nikotyny. Zupełnie bezboleśnie i bez wspomagaczy przestałam palić, gdy do kawalerki pod pępkiem wprowadził się mój syn. Z nieznanych powodów wróciłam do autodestrukcji natychmiast po odstawieniu go od piersi. Ze zrozumiałych względów kawalerka będzie już do końca pustostanem, a mnie pozostają metody siłowe.

Nie, nie lubię palić. Nie uważam, że tuman dymu dodaje uroku. Nie znoszę konkurencji dla perfum. Nie czuję, by problemy rozwiązywały się łatwiej, a trawienie było lepsze. Jestem chodzącym dowodem na to, że palenie nie zmniejsza apetytu!

Czuję, że wkrótce zostanę osobą niepalącą. Dokonam tego na speedzie, jaki daje gniew. Gniew czuję do systemu. Do państwa. Uważam za skrajnie perfidne zarabianie pieniędzy w ten sposób. Najpierw mówią, że palenie jest dozwolone dla pełnoletnich. Dzieciaki na hasło „nie wolno" natychmiast reagują potrzebą złamania zakazu. Dodatkowo otoczone są przez dorosłych, którzy palą, bo wolno. Na legalu w kioskach, sklepach polegują w stosach niezliczone marki papierosów. Jednocześnie alarmują, że to szkodzi, zabija. Cóż za nieprawdopodobna hipokryzja! Czyszczą kieszenie ubezwłasnowolnionej przez nałóg masie ludzkiej.

Akcja z umieszczaniem strasznych zdjęć na paczkach jest poniżej pasa! Doszło do tego, że palący cieszy się, gdy wylosuje paczkę z młodzieńcem w kostnicy lub uwędzonym bobasem, bo nie wyglądają tak obrzydliwie jak zgniła stopa czy rak języka. Naprawdę myślicie, gnoje, że uzależnionego przestraszy zdjęcie?! Częścią każdego uzależnienia jest zaprzeczenie, ucieczkowe myślenie.

A wystawianie palaczy na mróz?! Dręczenie w pociągach? Skurczybyki! Odejmijcie sobie od budżetu ten ogromny hajs, jaki trzepiecie na obywatelach, pojąc ich legalnym, lecz szkodliwym alkoholem, wędząc im płuca legalnym, lecz mordującym dymem.

Będę osobą niepalącą, bo nie pozwolę zarabiać na sobie cynicznie trzy razy. Kiedy palę, kiedy udają, że mnie leczą lekarze i farmaceuci, i kiedy umieram, a rodzina musi się spłukać na pochówek.

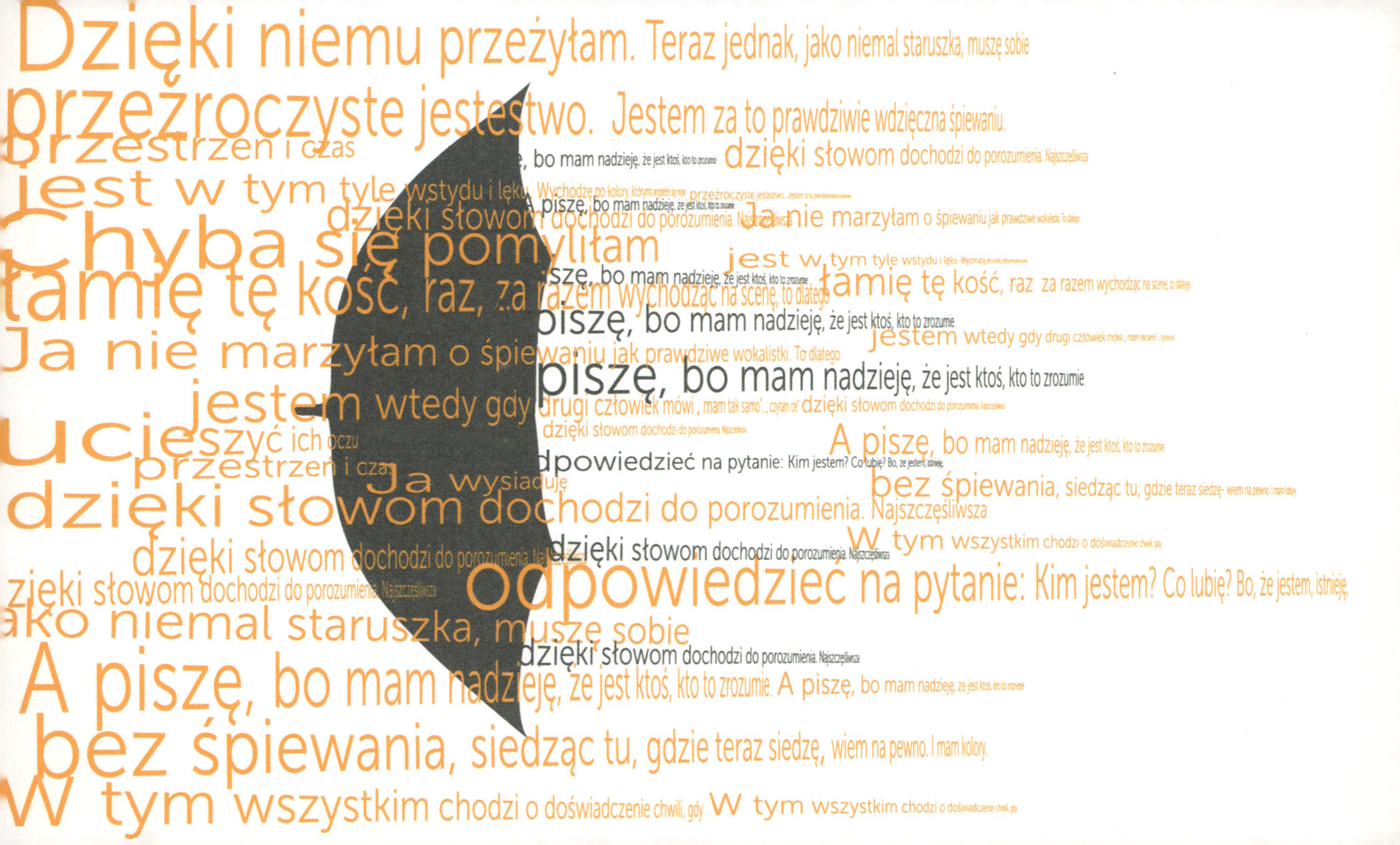
Dzięki niemu przeżyłam. Teraz jednak, jako niemal staruszka, muszę sobie
przeźroczyste jestestwo. Jestem za to prawdziwie wdzięczna śpiewaniu.
przestrzeń i czas
, bo mam nadzieję, że jest ktoś, kto to zrozumie
dzięki słowom dochodzi do porozumienia. Najszczęśliwsza
jest w tym tyle wstydu i lęku. Wychodzę po kolory, którymi
A piszę, bo mam nadzieję, że jest ktoś, kto to zrozumie
dzięki słowom dochodzi do porozumienia. Najszczęśliwsza
Ja nie marzyłam o śpiewaniu jak prawdziwe wokalistki. To dlatego
Chyba się pomyliłam
jest w tym tyle wstydu i lęku
łamię tę kość, raz, za razem wychodząc na scenę, to dlatego
łamię tę kość, raz za razem wychodząc na scenę, to dlatego
piszę, bo mam nadzieję, że jest ktoś, kto to zrozumie.
jestem wtedy gdy drugi człowiek mówi
Ja nie marzyłam o śpiewaniu jak prawdziwe wokalistki. To dlatego
piszę, bo mam nadzieję, że jest ktoś, kto to zrozumie.
jestem wtedy gdy drugi człowiek mówi „mam tak samo", „czytam cię" dzięki słowom dochodzi do porozumienia. Najszczęśliwsza
dzięki słowom dochodzi do porozumienia. Najszczęśliwsza
ucieszyć ich oczu
A piszę, bo mam nadzieję, że jest ktoś, kto to zrozumie
przestrzeń i czas
odpowiedzieć na pytanie: Kim jestem? Co lubię? Bo, że jestem, istnieję,
Ja wysiaduję
bez śpiewania, siedząc tu, gdzie teraz siedzę- wiem na pewno. I mam kolory
dzięki słowom dochodzi do porozumienia. Najszczęśliwsza
W tym wszystkim chodzi o doświadczenie chwili, gdy
dzięki słowom dochodzi do porozumienia. Najszczęśliwsza
dzięki słowom dochodzi do porozumienia. Najszczęśliwsza
dzięki słowom dochodzi do porozumienia. Najszczęśliwsza
odpowiedzieć na pytanie: Kim jestem? Co lubię? Bo, że jestem, istnieję,
jako niemal staruszka, muszę sobie
dzięki słowom dochodzi do porozumienia. Najszczęśliwsza
A piszę, bo mam nadzieję, że jest ktoś, kto to zrozumie. A piszę, bo mam nadzieję, że jest ktoś, kto to zrozumie
bez śpiewania, siedząc tu, gdzie teraz siedzę, wiem na pewno. I mam kolory.
W tym wszystkim chodzi o doświadczenie chwili, gdy W tym wszystkim chodzi o doświadczenie chwili, gdy

A JA ŻEM JEJ POWIEDZIAŁA, KAŚKA...

To, że na liście lektur zwolniły się miejsca, a ty umiesz składać prześcieradło z gumką i wiesz, jak utrzymać wagę z ciąży, nie oznacza, że musisz wydawać książkę.

Przyszło mi do głowy, że pięknie żyłam nie swoim życiem. Dwadzieścia pięć lat spędziłam na scenie, dokładając wszelkich starań, by na poziomie wręcz organicznym poczuć, że oto znalazłam uzasadnienie dla swojej obecności na tej zbolałej planecie. Chyba się pomyliłam.

Zadałam sobie pytanie, co w tym zajęciu sprawia mi autentyczną przyjemność, na jakim etapie działalności jestem najbardziej sobą, najbardziej w sobie, kiedy czuję się bezpiecznie, a w okolicy serca wzrasta temperatura. Najszczersza z najszczerszych odpowiedzi brzmi: gdy piszę. To samotny moment, kiedy z chmary słów wyłapuję te, które najlepiej opowiedzą emocje. Jest to proces żmudny, chwilami skrajnie wyczerpujący. Nie mam łatwości, jaką legitymują się prawdziwi mistrzowie żonglerki słowem. Ja wysiaduję. Do odleżyn. Kiedy poszczególne słowa, pogrupowane w szeregi, wylądują w wersach, trafiają do kontroli jakości. Ileż nerwów kosztuje wyczekiwanie na stempel akceptacji. Moment, w którym wewnętrzny krytyk pozwala wypuścić konkretne zbitki słów do ludzi, nie jest tym kończącym, przynoszącym ulgę. To nie wtedy na sercu robi się ciepło.

W tym wszystkim chodzi o doświadczenie chwili, gdy dzięki słowom dochodzi do porozumienia. Najszczęśliwsza jestem wtedy, gdy drugi człowiek mówi: „Mam tak samo", „Czytam cię", w znaczeniu „Rozumiem". Wtedy gubię poczucie osamotnienia, a przeświadczenie, że jesteśmy tak bardzo do siebie podobni, przechodzi w pewność.

Zdarza się, wcale nierzadko, że nie trafiam, że ktoś widzi w moim przekazie tylko bełkot. To nic. Wystarczy ktokolwiek, jedna osoba, którą oddziela ode mnie przestrzeń i czas, ale kontakt nadal jest możliwy.

Co ze śpiewaniem? Śpiewanie nie jest organiczne. Boję się sceny. Ćwierć wieku nie wystarczyło, by wyciszyć ten lęk. Ciało wymięka. Stoję w kulisach, rozpadam się, przywołuję wszystkie bóstwa na pomoc, w końcu wychodzę na trzy, cztery... Nie patrzę na ludzi, wstydzę się. W głowie powtarzam mantrę: „Niech im będzie miło, niechże im się to przyda, niech nie wychodzą z poczuciem straty czasu". W myślach przepraszam za śpiew, za to, że nie umiem ucieszyć ich oczu. Myślę, że może słowa, opowieści, usprawiedliwią moją obecność w tych przedziwnych okolicznościach.

Pamiętam dzień pierwszej komunii. Po ceremonii dzieciaki wraz z rodzinami przeszły do pobliskiego parku, by porobić zdjęcia, poekscytować się wzniosłym momentem. Stałam z gromnicą, we francuskich lokach, jak zwykle zagubiona. W pewnej chwili do naszej grupy podeszła pani, która obdarowała mnie pełnym zachwytu spojrzeniem, a do rodziców powiedziała: „Państwa córka zaśpiewała *Alleluja* jak anioł. Płakałam. Gratuluję niezwykłego dziecka". Pamiętam to uczucie. Bliscy patrzyli na mnie jakby z dumą. Nareszcie. Uczucie bycia widzialną było tak cudowne, że wzięłam je za miłość, której byłam wiecznie głodna, i tak silne, że utworzyło w mojej głowie połączenie: śpiewam – staję się widzialna.

Kilka lat później ogłoszono nabór do chóru Politechniki Szczecińskiej. Na tej uczelni pracowała moja mama. Wróciła do domu ze słowami: „Tyle osób na jedno miejsce!". Natychmiast zdecydowałam, że idę na przesłuchania. Dostałam się.

I znów to uczucie, że rodzina jest jakby dumna. A potem te wszystkie zespoły aż do Heya. Zawsze to samo. Pogoń za komunikatem: „Jesteś coś warta". Jakbym poczucie, że istnieję, opierała tylko i wyłącznie na tym, że ktoś da mi do istnienia prawo, zawieszając na mnie spojrzenie.

Ja nie marzyłam o śpiewaniu jak prawdziwe wokalistki. To dlatego łamię tę kość, raz za razem wychodząc na scenę, to dlatego jest w tym tyle wstydu i lęku. Wychodzę po kolory, którymi wypełni się moje przezroczyste jestestwo. Jestem za to prawdziwie wdzięczna śpiewaniu. Dzięki niemu przeżyłam. Teraz jednak, jako niemal staruszka, muszę sobie odpowiedzieć na pytania: „Kim jestem? Co lubię?". Bo że jestem, istnieję bez śpiewania, siedząc tu, gdzie teraz siedzę – wiem na pewno. I mam kolory. A piszę, bo mam nadzieję, że jest ktoś, kto to zrozumie.

Przestań zadręczać swoją matkę tymi pytaniami. Gdyby się miało okazać, że jesteś nieślubną córką pana Kulczyka, to już byś miała na koncie swoje sto milionów. Weź, zacznij wypełniać kupony. To jest twoja jedyna szansa na majątek.

Do niektórych ludzi pieniądze się garną. Jakby dysponowali szczególnym rodzajem feromonów, do których moneta się klei. Choćby bardzo się starali biedować, po prostu nie mogą, muszą się męczyć w skórach bogaczy. Potrafią zrobić na wszystkim interes. Są midasami, którzy wszystko zamieniają w złoto. Jak ten pan, który w latach dziewięćdziesiątych pojechał za granicę po skarpety na handel, ale skarpet zabrakło i kupił ogromną ilość fajerwerków, co uczyniło go fajerwerkowym królem. Albo ten, który kupił maszynę do produkcji plastikowych opakowań i w krótkim czasie cała Polska rumianą strawę z grilla przerzucała wprost na jego plastikowe talerzyki i przenosiła do ust plastikowymi sztućcami – również jego. Albo kobiety, które tylko chwilkę martwią się przemijaniem, bo za sekundę reklamują kremy na zmarszczki i dzięki zarobionym pieniądzom mogą sobie kupić coś na pocieszenie, albo nawet odmłodnieć.

Tacy ludzie potrafią inwestować. Trochę powalczą w kolejce o nową kolekcję H&M, a potem pięknie się odkuwają, sprzedając trofea za wyższą cenę w internecie. Albo mówią znajomym i nieznajomym, że zbierają próbki DNA, które za naprawdę korzystną cenę przechowywać będą w tunelach pod Alpami. Jak przyjdzie czas, klient będzie mógł wyprodukować sobie klona na narządy albo do towarzystwa. I inwestorzy już mogą tarzać się w banknotach i tych próbkach, zanim je wyrzucą.

Czasem niektórzy skracają drogę do posiadania dóbr i nawet nie wchodzą w kontakt z pieniędzmi, tylko pozwalają się obdarowywać, a potem cieszą się w Dubaju biżuterią i brandami.

Tak więc do „niektórych" pieniądze się garną, a do „których" nie chcą się zbliżać.

Ci drudzy o prawdziwe bogactwo ocierają się jedynie pod zamkniętą powieką, w marzeniach. We wtorki, czwartki i soboty. Zanim maszyna losująca wypluje kule z numerami, kupują domy, samochody, ratują kawałek świata. Potem przychodzi codzienność bez pracy albo w pracy, która wyczerpuje, nie dając godziwego wynagrodzenia. Albo w pracy, która pozwala zaspokoić najważniejsze potrzeby, może nawet wypocząć z biurem podróży, ale nie daje tego utrzymującego zdrowe tętno poczucia, że wszystko jest dobrze, a będzie jeszcze lepiej.

Popytałam, poczytałam i okazuje się, że pieniądze lubią ludzi, którzy tę sympatię odwzajemniają. Ale tak szczerze, bez wątpliwości. Nie lubi pieniędzy ten, kto się czuje ich niegodny, kto się ich wstydzi, boi, kto żyje w przekonaniu, że są brudne, że ci, co je mają, to złodzieje i oszuści. Nie lubią pieniędzy ci, którzy o nie drżą, nie potrafią się dzielić, nie potrafią ich pożytkować w sposób, który sprawia im radość. Myślenie o „czarnej godzinie" też nie jest dla pieniądza wabikiem.

Tak naprawdę chodzi o dobrostan, spokój, który – jeśli obecny – opromienia rzeczywistość, a pochodzi z tego pulsującego centrum znajdującego się za rusztowaniem żeber. Gdy tam jest, pieniądze zaczynają płynąć, bo taka ich natura, mamy siłę, by je utrzymać i z nich bez poczucia winy korzystać.

Dziś się dowiedziałam, że stosunek do pieniędzy jest metaforą relacji z rodzicami, a w szczególności z ojcem. Im szybciej wyprowadzimy tę płaszczyznę do światła poprzez wybaczenie, uruchomienie wdzięczności (nawet gdyby miała dotyczyć tylko możliwości przyjścia na świat), tym szybciej mleko i miód popłyną. No, jest robota do wykonania.

Żona, którą uderzy weganin, powinna go przeprosić – weganie to ludzie wyjątkowo wrażliwi na krzywdę innych istot. Nie wspominając już o tym,

że żona weganina katolika
lub weganina buddysty
powinna przeprosić za uderzenie
dwa razy. Bo to istoty
podwójnie wrażliwe.

Kiedyś przeczytałam, że przyczyną wszelkich konfliktów jest perspektywa. Wyobraźmy sobie, że rzeczywistość to gigantyczne dzieło malarskie. Wyobraźmy sobie również, że każde z nas podziwia obraz, spoglądając na niego przez tekturową tubkę, na którą nawija się papier toaletowy. W tej metaforze tubka wyobraża indywidualne doświadczenie każdego człowieka, cały bagaż ograniczeń i koncepcji, jakie gromadzi na przestrzeni życia. Powiedzmy, że ja stoję ze swoją tubką bardzo blisko malowidła, a mój Konkubi zerka przez swoją oddalony od obrazu o pięć metrów. Obraz równa się rzeczywistość. Wyobraźmy sobie rozmowę na temat tego, co widzimy...

Ja mówię (trudno posądzić mnie o kłamstwo), że nudzi mnie to, co widzę. Ile można wpatrywać się z zainteresowaniem w końskie kopyto? Konkubi mówi: „Oszalałaś? Jak może nie wzruszać cię koński majestat w zestawieniu z łagodnością tańczących ze sobą chabrów i maków?". Myślę, a potem rzucam na głos: „Zawsze miałeś skłonność do konfabulacji, ale teraz to już przesadziłeś. Jakie zasrane maki?!". Rozmowie przysłuchuje się, dajmy na to, moja matka, która stoi trzy metry od obrazu, ale znacznie bardziej w prawo. „Przestańcie się kłócić, na litość boską! Jaki koń, jakie maki? Ślepi jesteście? To najsmutniejszy obraz, jaki widziałam, płonąca drewniana chata i zapłakany ojciec... Pewnie w chacie zostały jego żona i dzieci". Ojciec konkubenta stoi bardzo na lewo i dodatkowo na wysokiej platformie. „Wszyscy jesteście popierdoleni. Obraz jak obraz. Sam bym namalował lepiej. Niebo i chmurka. Dajcie mi białą i niebieską farbę, a w sekundę dziesięć takich namaluję. Phi".

Czy któreś z nas nie ma racji? Czy któreś z nas widzi całe dzieło? Najbardziej omnipotentna jest moja matka, która wie, kto płonie w chacie, choć tego nie widać.

Tak właśnie funkcjonujemy w rzeczywistości. Jeśli bierzemy udział w tym samym zdarzeniu, opowieści o nim będą bardzo różne. Wyciągniemy noże, by bronić swojej prawdy, swojego punktu widzenia. Będziemy żądać przyznania nam racji, bo przecież wiemy, co widzimy, do cholery, byliśmy tam.

Dajmy na to, mąż pryska się perfumami i mówi do żony: „Wychodzę". Żonie serce skacze do gardła (matka zawsze jej mówiła, że wszyscy faceci to zdrajcy) – dla kogo się perfumuje? Czemu nie mówi, dokąd idzie? Pewnie ktoś jest. „Masz mnie za idiotkę?! Też sobie zacznę wychodzić, też sobie kogoś znajdę!" Mąż dębieje. Wyperfumował się, jak zwykle, bo w podstawówce wiele lat temu kolega w kłótni powiedział do niego: „Śmierdzielu" i odtąd ma obsesję, że cuchnie. Wychodzi do lekarza, bo boli go w pachwinie i ma paranoję, że to rak. Woli nie mówić żonie, żeby się nie denerwowała, a poza tym, nie mówiąc, walczy o swoje prawo do przestrzeni, które zawsze ograniczał mu ojciec, a żona obiecywała, gdy się poznali, że będą sobie ufać, bo zaufanie to podstawa. Wychodzi, trzaskając drzwiami. Ona dzwoni do przyjaciółki i w spazmach opowiada, że od dawna jest między nimi źle. Przyjaciółka mówi: „Rzuć go w cholerę", bo zazdrości żonie, że dostała premię, a poza tym sama jest singielką. Żona dzwoni więc do kolegi terapeuty, który sugeruje terapię DDA. Potem do brata księdza, który mówi, że to krzyż, który musi nieść z godnością. Mąż i żona rozwodzą się chwilę później. On twierdzi, że jest ofiarą przemocy psychicznej, że żona cierpi na syndrom Otella. Ona – że zdradzał ją od dawna i nie szanował. I po miłości. Jaka szkoda.

Wracając do weganina, który bije. Patrzę na niego przez moją tubkę i myślę, że jest żenująco niekonsekwentnym gnojem. Tym większym, jeśli dodatkowo jest buddystą albo katolikiem. Ja patrzę przez tubkę i wymagam. Mój partner patrzy przez tubkę na mnie i mówi: „Powiedziałaś, że brzydzisz się ocenianiem, witaj w otchłani zaciemnienia, o oświeceniu możesz marzyć". Weganin przez swoją tubkę widzi cierpienie kurczaków. Musiałby się odwrócić, żeby zobaczyć żonę.

Jeśli na fotografiach
pozujesz przy stole,
na którym
polegują bażanty
i owoce z morza,
to nie dziw się,
że ludzie cię
nie lubią.
Przyznaj się,
że rozpoczynasz dzień
kanapką z serem,
jak wszyscy.

Wiemy o ludziach tyle, ile nam powiedzą. Wiedzę tę następnie panierujemy. W skład panierki wchodzą: obserwacja własna, mieszanka filtrów i autorski komentarz. Tak przygotowany człowiek ląduje na rozgrzanym tłuszczu sytuacji i jest gotowy do spożycia. O tym, że kluczowa jest jakość produktu, a panierka jest niezdrowa, wiemy wszyscy. Produkt powinien być świeży i pochodzić z autentycznego źródła, to też wiemy. Jednak znakomita większość ludzi wypuszcza w świat produkt wysoko przetworzony, pełen konserwantów, uzdatniaczy, ostrzyknięty wodą dla zwiększenia gramatury. Nic dziwnego, że takie „ja" – dodatkowo usmażone w panierce – powoduje sensacje żołądkowe, odbija się długo i nieprzyjemnie, szkodzi.

Ludzie nie raz mi zaszkodzili. Nie raz sama zalegałam ludziom na żołądkach.

Tak strasznie mi zależało, by być ulubioną potrawą wszystkich.

Co wiesz o gwieździe? Ona mówi, że uwielbia dzieci. Mówi. Nie musi uwielbiać. Może wstydzi się przyznać sama przed sobą, że dzieci ją drażnią, czuje się gorsza od kobiet, które dzieci lubią. Mówi, bo nie chce, by ktokolwiek się domyślił. Mówi, bo chce wierzyć, że kiedyś polubi. A może mówi prawdę? Może dopiero we fragmencie o chodzeniu do kościoła skłamała? Ty wierzysz w to, co czytasz. Myślisz: „Lubię ją. Ona lubi dzieci. Musi być dobrym człowiekiem. Jest skromna, bo na zdjęciu ma szary golf. Ma dobry gust, bo fotel, na którym siedzi, jest gustowny. Jesteśmy do siebie podobni, bo ja też lubię takie fotele".

Sympatia wiedzie cię na koncert gwiazdy. Jest ci tak bliska. Jesteście takie podobne. Gdy kurtyna opada, biegniesz do niej. Ochroniarz zasłania drzwi. Mówi, że gwiazda nie przyjmuje. To wystarczy. Odtąd jej nie znosisz. Jak mogła?

W kolejnym numerze ulubionej gazetki czytasz wywiad z aktorem. Jest taki elegancki na zdjęciu. Prawdziwy mężczyzna, nie to co twój. Mówi tak pięknie o rodzinie. Lubi czytać. Poleca książkę, którą właśnie kończysz. Myślisz: „Jesteśmy tacy podobni, lubimy czytać. Ta książka też mi się podoba. To porządny człowiek, choć niewierzący. Ale to tak jak ja".

Sympatia wiedzie cię do teatru. Gdy kurtyna opada, biegniesz do garderoby. Aktor daje ci autograf, przytula, bo o to prosisz. Wracasz do domu niemal zakochana.

A może piosenkarka jest chora, o czym nie powiedziała w wywiadzie, i sił wystarcza jej tylko na koncert, a potem rozpada się w garderobie i postanawia nie narażać na ten widok ciebie i tobie podobnych? A może aktor nie znosi garniturów, prywatnie drapie się po jajach przez ulubiony dres, a przytulił cię, bo jego agentka kazała mu być milszym dla ludzi i choć nie znosi kontaktu z widzami, tego wieczoru zrobił wyjątek?

Dopuszczamy do siebie ludzi na odległość, którą rozpoznajemy jako bezpieczną. Oni nas również.

Dam ci się poznać, jeśli ty dasz się poznać mnie. Do tego momentu będziemy się panierować nawzajem, potem zjadać, a potem słuchać, jak głośne beknięcie wraca echem odbite od ścian klitek, w których chowamy się prawdziwi my.

Nie mogłabyś zastąpić Magdy Gessler. Tobie smakuje po prostu wszystko. Zamówiłabyś całą kartę, poprosiła o dokładkę, a skórką od chleba wyżarła resztki z patelni.

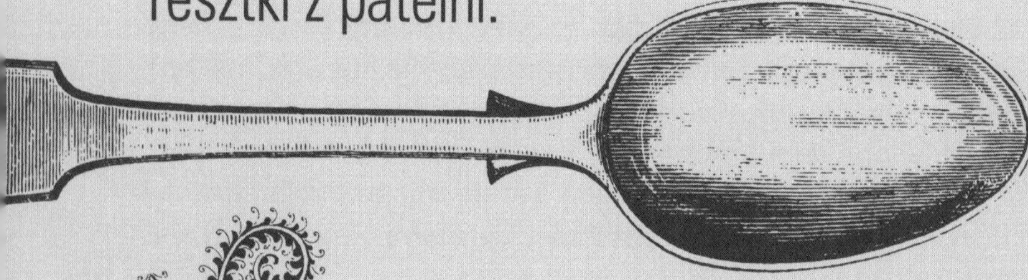

Nie smakuje mi to, co jest przesolone. No i jeszcze rodzynki. I surowe warzywa bez choćby podstawowego sosu. Kiedy ktoś mówi, że w ramach zdrowej przekąski zjada pokrojone w słupki marchewkę, pietruszkę i seler naciowy – robi mi się słabo. Chyba uznaję takich ludzi za podejrzanych. No, w każdym razie nie poprosiłabym ich o podżyrowanie pożyczki.

Nie lubię gotowych mieszanek przypraw. Nie lubię ziół prowansalskich, suszonych, z torebki, którymi ktoś zasypał sałatkę, bo nazwa brzmi z klasą. „Warzywa julienne w aromatycznym tchnieniu ziół prowansalskich, w kontredansie z tłoczonym na zimno olejem rzepakowym i jabłkowym vinegarem" – no syf.

Nie lubię cykorii. I zupy owocowej. W przedszkolu raz w tygodniu serwowali nam ten przedziwny, zabielony śmietaną, ciepły kompot z makaronem. Zawsze daję szansę pożywieniu, ale gdy zobaczyłam ten zestaw, wyrwały się ze mnie wszystkie zalegające w żołądku resztki i dołączyły do tego, co na talerzu, tworząc wymiotno-owocowy, zabielony śmietaną miks. Pani przedszkolanka potężnie zdegustowana kazała mi kontynuować jedzenie. Ten świadczący o prawdziwym powołaniu rozkaz wywołał następny wyrzut treści. W ten sposób dorobiłam się jednej z licznych dziecięcych traum. O, nawet teraz czuję, że nadchodzą mdłości.

Poza tym lubię wszystko. Kiedy byłam mała, marzyłam, by dostać w prezencie ogromny gar tłuczonych ziemniaków z brązowym sosem i zasmażanymi buraczkami. Albo całego pieczonego kurczaka, którego darłabym na kawałki palcami wystrojonymi w królewskie pierścienie, popijając udawanym winem ze srebrnego kielicha.

Uwielbiam oglądać programy kulinarne. Jestem wtedy albo spokojna, albo delikatnie pobudzona erotycznie. Lubię w filmach sceny, w których bohaterowie jedzą. W tym samym stopniu rusza mnie żołnierz, który, unurzany w bitewnym kurzu, odgryza kęs kiełbasy, a potem chleba, co francuska pisarka, jeśli szczupłymi dłońmi przenosi do ust kawałki *coq au vin*, potem sałaty i popija winem z kryształowego kieliszka, choć wina nie lubię.

Kocham bazary. Pojękuję, chodząc między straganami, sztacham się zapachem ziół, jestem niecierpliwa, chcę kupić wszystko. Myślę, że sprzedawcy z mojego bazaru podejrzewają mnie o prowadzenie punktu zbiorowego żywienia, bo nie mieści im się w głowie, że mała komórka społeczna jest w stanie pochłonąć takie ilości jedzenia. A jest.

Wydaje mi się, że istnieje paralela między sposobem jedzenia a radością z seksu. Jeżeli ktoś dziubie widelcem w talerzu, więcej gada, niż je – to w łóżku również więcej gada i dziubie.

Lubię Magdę Gessler. Jest taka apetyczna, mięciutka i ciepła. Wierzę jej, gdy mówi o jedzeniu, i wierzę, gdy mówi o namiętności. Mogłabym zjeść ogromny gar Magdy z brązowym sosem i buraczkami.

Jednym ze sposobów leczenia arachnofobii, czyli panicznego lęku przed pająkami, jest wejście z premedytacją w kontakt ze źródłem lęku – czyli głaskanie tarantuli. W ten sam sposób można by leczyć lęk przed utratą pozycji celebryty – tak zwaną ordinarofobię (*ordinary* to po angielsku „zwykły"). Mogłabyś pojechać do Szczecina, na Miedzianą, poprosić matkę o kieszonkowe, powiedzmy na pół roku, a potem wrócić do pozycji gwiazdy i płacić kredyt jak obecnie, tylko bez lęku.

Wszyscy zastanawiamy się, dlaczego bajki kończą się informacją, że bohaterowie żyli długo i szczęśliwie. Co było dalej? Jeżeli żyli długo, to niemożliwe, by ani razu nie otarli się o komplikacje, które zniekształciły obraz szczęścia. Poza tym, jeśli na ostatniej stronicy czuli się autentycznie szczęśliwi, to sekundę później musiał pojawić się lęk przed utratą tego szczęścia.

Lęk przed utratą sam w sobie jest nieszczęściem. Pozostając pod jego wpływem, doświadczamy permanentnego stresu, który sprawia, że adrenalina, noradrenalina i kortyzol rozpoczynają w nas dziki taniec, wykluczając obecność spokoju, który jest ze szczęściem tożsamy.

Na tej podstawie czuję się zobowiązana stwierdzić, że raczej szczęśliwa w życiu nie bywałam. Mam wmontowany fabrycznie mechanizm do produkcji ponurych wizji. Moja krnąbrna jak psie szczenię wyobraźnia potrafi zbrukać każdy szczęśliwy moment.

Dostaję Fryderyka? Pewnie z litości, bo tak naprawdę nabijają się ze mnie. Chłopak mnie kocha? Na pewno długo to nie potrwa, ktoś go ukradnie. Wakacje w Azji? Boże, gdzie jest miejscowy szpital, w razie czego pewnie zapali mi się woreczek żółciowy. Wygrałam w lotto? Za mało, by obdzielić wszystkich potrzebujących. Urodziłam zdrowego syna? Pewnie będzie wojna i mi go zabiorą. Rodzice są zdrowi? Choroba nie wybiera, może trafić i na nich. Przebadałam wszystko oprócz tętnic szyjnych. Pewnie tam tyka bomba.

Toż to pełnotłuste cierpienie. Zapragnęłam zmiany. Postanowiłam zafundować kolczatkę wyobraźni. Za każdym razem, gdy zaczynała mną szarpać, ściągałam ją stanowczym ruchem i ostrym tonem krzyczałam: „Równaj!". Była to jednak metoda siłowa. Myśli, którym odmawiałam prawa istnienia, napierały jeszcze bardziej, jakby na złość. Walka z zewnętrznym wrogiem od biedy ma jakiś sens, bo przy zastosowaniu odpowiedniej strategii wojennej może doprowadzić do zwycięstwa. Tu jednak trudno mówić o wrogu. To przecież ja i ja.

Zatłuc jedno z nich, to zatłuc część siebie. Na początek postanowiłam skonsolidować elementy, z których się składam. Jest ich sporo. Ta jasna, ta która się boi utraty szczęścia, podpierdalaczka od złych obrazów, nieutulona mała Kasia, maruda, no i naczelniczka. Naczelniczka – najbardziej dojrzała, sporo czyta i stać ją na opanowanie – przemówiła do reszty w moim imieniu. Dostali pełną akceptację, obywatelstwo, zapewnienie o godnych warunkach bytowych, szacunek, prawo do głosowania i na koniec przekazała im serdeczne pozdrowienia. Podczas pierwszego walnego zgromadzenia zgodnie uznałyśmy, że działania losu nie podlegają naszej jurysdykcji podobnie jak inni ludzie. Uchwaliłyśmy również, co następuje:

- będziemy przyjmować wszystkie zdarzenia jako głęboko sensowne, choć ich sens może nie objawiać się natychmiast,
- będziemy wyrażać w sposób ostentacyjny wdzięczność za dobre chwile,
- nie będziemy stawiać czynnego ani mentalnego oporu chwilom z kategorii „niemiłe" lub „wręcz potworne",
- będziemy odtąd szczęście i nieszczęście traktować jako duet, a popisy obu członków tegoż będą oklaskiwane z jednakowym natężeniem.

Tak nam dopomóż Boże z brodą i Pawle Coelho.

Krótko mówiąc, postanowiłam przestać się zachowywać, jakbym miała wpływ na cokolwiek poza sobą i swoimi reakcjami. Uczyniłam sobie na stare lata tatuaż, który w symboliczny sposób przedstawia nowe podejście. Jestem w zasadzie na pierwszych kilometrach naprawdę długiego dystansu, ale jakość życia uległa niezwykłej metamorfozie.

Myślę, że testowana przeze mnie metoda znakomicie sprawdziłaby się w leczeniu ordinarofobii, ba – wszystkich fobii dostępnych na rynku. Lęk napiera, gdy się go ignoruje lub z nim walczy.

Patrz, jak się popisuje, patrz mu prosto w oczy, zmęcz go tym spojrzeniem, w końcu padnie.

Projekt graficzny
Andrzej Wąsik

Ilustracje
Andrzej Wąsik
Danuta Szenfeld

Zdjęcia na okładce
Marlena Bielińska

Redakcja
Dorota Jabłońska

Korekta
Anna Rydzewska

Wielka Litera Sp. z o.o.
ul. Kosiarzy 37/53
02-953 Warszawa

Skład i łamanie
TYPO 2

Druk i oprawa
Pozkal

ISBN 978-83-8032-259-2

Co ludzie powiedzą?

Do czego to doszło!

EXIT